Carola Meier-Seethaler

Das Gute und das Böse

Carola Meier-Seethaler

Das Gute und das Böse

Mythologische Hintergründe des Fundamentalismus in Ost und West

Kreuz

Inhalt

Wer die Vergangenheit nicht achtet,
ist gezwungen, sie zu wiederholen.

Dank

Als erste möchte ich diejenigen Personen nennen, denen ich entscheidende Anregungen für das Entstehen meines Buches verdanke: Frau Veronika Siegel aus Villnöss/I weckte mein Interesse an der Figur des Hl. Christophorus und überließ mir wertvolles Bildmaterial. Frau Erni Kutter, München, begleitete mich mit ihren Veröffentlichungen und persönlichen Anregungen, wozu sie mir ebenfalls Photografien zur Verfügung stellte. Frau Irmgard Hafner, Buchhändlerin in München, gibt mir seit vielen Jahren wichtige Literaturhinweise und besorgte mir eine Reihe vergriffener Bücher und Abbildungen.

Frau Dr. Hanna Gagel, Kunsthistorikerin in Zürich, öffnete mir die Augen für die vorderrheinische Kulturlandschaft, Pater Benedikt Gubermann aus Obersaxen/GR ermöglichte mir den Zugang zur St. Georgskapelle in Meierhof. Herrn Hans Businger von der Universitätsbibliothek Bern verdanke ich Literatur zu Franz von Assisi, Herrn Hanspeter Hostettler, Safnern/BE, und Frau Elisa Bolliger, Aarau, Dokumentationen symbolischer Motive. Dazu kommt die Unterstützung durch meine beiden Töchter Andrea Könz und Martina Meier mit Photoaufnahmen schwer zugänglicher Objekte.

Besonders verbunden bin ich Frau Stella Janko für ihre Geduld, mit der sie mein Manuskript in die digitale Form brachte, und nicht zuletzt Herrn Thomas Schmitz und seinen Mitarbeiterinnen im Kreuz Verlag Stuttgart für ihr Entgegenkommen bei der Realisierung dieses Bildbandes.

Bern, Januar 2004

Einleitung

Seit einigen Jahren ist von der Rückkehr der Religionen (M. Riesebrodt 2001) und vom Kampf der Kulturen (S. Huntington 1998) die Rede. Beides bezieht sich auf die Renaissance fundamentalistischer Bewegungen, die nach dem Zusammenbruch der Sowjetunion einen welthistorischen Augenblick lang für überwunden galten.

Inzwischen zeigte sich nur allzu deutlich, dass sich das Phänomen des Fundamentalismus nicht auf eine bestimmte Religion oder eine bestimmte Kultur beschränkt, sondern in allen Teilen der Welt immer neue unüberbrückbare Gegensätze konstruiert. Dabei verbinden sich Ethnozentrismen mit religiösem Fanatismus, der irrationale Glaube an die Auserwähltheit der eigenen Kultur mit dem Herrschaftsanspruch, andere gewaltsam zu missionieren und zu bevormunden.

Eine zutiefst irritierende Erfahrung für das »alte Europa« ist der Gleichklang der Botschaften zum Heiligen Krieg aus dem islamistischen Osten und dem christlichen Westen jenseits des Atlantik. Der proklamierte Kreuzzug Amerikas gegen die Achse des Bösen mit allen Mitteln militärischer Gewalt rührt an Bilder und Ideologien, welche die menschenrechtlichen Errungenschaften der letzten fünfzig Jahre grundsätzlich infrage stellen. Seit dem Ende des zweiten Weltkriegs wurde nie mehr in so rückhaltloser Offenheit das Recht des Stärkeren im Namen der Freiheit proklamiert (vgl. R. Kagan 2002), als hätte es nie eine weltweite Absage an den Krieg gegeben.

Es scheint, als seien den friedlichen Absichtserklärungen nach den Verheerungen des Zweiten Weltkriegs keine genügend tief schürfenden Analysen gefolgt, um die Denkstrukturen, welche Gewalt erzeugen und Gewaltlösungen empfehlen, bloßzulegen. Zwar gibt es seit Jahrzehnten entsprechende Versuche, nicht zuletzt von Seiten der feministischen Kulturkritik, doch blieben sie am Rande des allgemeinen Bewusstseins.

Nun geben die empirischen Untersuchungen des Soziologen *Riesebrodt* einen wichtigen Hinweis: Weltweit sind fundamentalistische Strömungen stets mit einer patriarchalen Gesellschaftsstruktur verbunden; ihr Kampf gegen das so genannte Böse richtet sich immer auch gegen die imaginierte Gefahr des weiblich Triebhaften, das nur durch strengste Gesetze unter männlicher Kontrolle zu halten sei.

Geistesgeschichtlich gesehen ist dieser Zusammenhang sehr alt, ja er bildet einen mächtigen Pfeiler unserer Zivilisation seit fünftausend Jahren. Durch den Irakkrieg wurde in Erinnerung gerufen, dass die Wiege unserer Hochkultur in Mesopotamien stand, doch ist den wenigsten bewusst, dass diese bereits das Ergebnis eines umfassenden Kulturumbruchs darstellt. Während schriftlich-historische Quellen spärlich sind, zeichnen sich anhand archäologischer Befunde seit dem 6. Jahrtausend vor unserer Zeitrechnung wellenförmige Wanderbewegungen aus Zentralasien nach Süden und Südwesten ab. Offensichtlich zwangen klimatische Veränderungen und die sukzessive Versteppung einst fruchtbarer Böden immer mehr Gruppen aus den Gebieten rund um das kaspische Meer, neue Acker- und Weidegründe in bereits besiedelten Ländern zu suchen.

Die sumerischen und griechischen Heldensagen scheinen noch einen Rest an Erinnerungen an jene frühen Eroberungszüge bewahrt zu haben, als unter der Führung namentlich tradierter Heroengestalten die bereits hochstehenden Kulturen in Mesopotamien, Kleinasien und auf dem Balkan besiegt und überlagert wurden. Darin werden Kampf und Krieg als Heldentaten besungen, während die Bewohner der eroberten Städte als friedliebend geschildert werden und, archäologischen Befunden zufolge, nicht über die nötigen Waffen verfügten, um sich den Eindringlingen entgegenzustellen.

Zudem liefern uns das *Gilgameschepos* und Zehntausende von Rollsiegeln aus den mesopotamischen Tempelanlagen des vierten bis zweiten vorchristlichen Jahrtausends Anhaltspunkte für die mythologische Vorstellungswelt der frühen indigenen Kulturen. Demzufolge standen weibliche Gottheiten im Zentrum des Pantheons und nahmen Priesterinnen einen hervorragenden Platz innerhalb eines sakralen Königtums ein, bevor sie durch einen patriarchalen Götterhimmel und ein patriarchales Gesellschaftssystem ersetzt wurden. Einen historisch fassbaren Einschnitt bildet die Regierungszeit des babylonischen Königs *Hammurapi* (1793–1750 v. Chr.). Er ließ nicht nur den berühmten Rechtscodex verfassen, sondern schaffte auch das Amt der Hohenpriesterin als Stellvertreterin der Göttin Ischtar ab und erhob den jungen Sonnengott *Marduk* zum Staatsgott.

Neuere Forschungen anhand sumerischer, babylonischer und assyrischer Gesetzestexte (G.Lerner 1993) zeigen, dass der Umwandlung im Pantheon die Herausbildung einer hierarchisch strukturierten Gesellschaft parallel läuft, in der Frauen eine zunehmend schlechtere soziale Stellung einnehmen. Angesichts dieser Zusammenhänge ist es lohnend, den ideologischen Hintergründen für einen so umfassenden Kulturwandel nachzugehen, wie sie uns die mesopotamische Bildsymbolik nahelegt.

In der Gestalt des zum Hochgott aufsteigenden Gottes Marduk begegnet uns zum erstenmal das Motiv des *Drachentöters*, das somit als *Gründungsmythos der patriarchalen Machtergreifung* gelten kann und das für die gesamte abendländische Kultur wegweisend wurde. Im jüdischen Mythos wiederholt sich das Motiv bei Jahwe, der den *Leviathan* tötet, und im Erzengel Michael, der die Satansschlange vernichtet und damit dem Prinzip des Bösen den Kampf ansagt. In der christlichen Ikonographie spielt der aus der jüdischen Mythologie übernommene Engel Michael eine zentrale Rolle für die Sündenlehre und bei der Abtötung leiblicher Begierden als Versuchungen des Satans. Neben den Kampf gegen den inneren Feind tritt schon bald der Kampf gegen die Ungläubigen, den der Erzengel Michael als »Miles Christianus« anführt.

Das irdische Pendant des Erzengels begegnet uns im *Heiligen Georg* hoch zu Pferd und in Ritterrüstung, der ab dem 12. Jahrhundert zu den populärsten Heiligen zählt und der den Kreuzrittern als Vorbild für ihren Kampf gegen die Ungläubigen diente. Später taucht seine heldische Vorreiterrolle erneut im Zusammenhang mit nationalistischen Freiheitskriegen und deren romantischen Bildumsetzungen auf, was zu unzähligen Georgsemblemen auf Fahnen, Medaillons, Münzen und Orden bis und mit dem Ersten Weltkrieg geführt hat.

Zwar sind im heutigen Europa diese religiös-martialischen Bilder weitgehend vergessen, doch feiern sie ihr comeback in verwandelter Gestalt: In der Figur des *Superman* greifen die Science-fiction-Filme trickreich auf uralte mythologische Vorstellungen zurück, und der amerikanische *Westernheld* lässt sich als profane Ausgabe jenes Kämpfers für das Gute gegen das Böse interpretieren, den sich die so genannten Pilgerväter zum Programm machten. Als diese 1620 an der Ostküste Amerikas landeten, verstanden sie sich als Auserwählte Gottes, die der Tyrannei ihrer Heimatländer entflohen waren, um ein Neues Israel auf dem Boden der Neuen Welt aufzurichten. Der alttestamentliche Gedanke vom gelobten und gottgeschenkten Land – »Gods own country« – bildete für die europäischen und später auch für die außereuropäischen Einwanderer das emotionale Band über alle ethnischen Differenzen hinweg. Gleichzeitig aber machte das Bewusstsein der Auserwähltheit blind für die indianische Grundkultur und diejenige der eingeschleppten Schwarzen.

Das bis zur Gegenwart in der amerikanischen Bevölkerung weit verbreitete Hochgefühl, die beste aller Zivilisationen in Form des »American way of life« hervorgebracht zu haben, konnte Präsident George Bush jun. wachrufen und mit religiösem Pathos unterlegen. Dabei spielt der Einfluss christlicher Fundamentalisten auf die republikanische Führungselite eine erhebliche Rolle. Sie erfährt ihren Höhepunkt, wenn Bush sich selbst als »reborn«, als Wiedererweckter durch Jesus Christus, bezeichnet. Nach dem Zusammenbruch der Sowjetunion verschob sich die Achse des Bösen, die Präsident Reagan in den kommunistischen Staaten sah, auf islamistische und alle amerikafeindlichen »Schurkenstaaten« bis hin zum erklärten Krieg gegen den Terrorismus nach dem 11. 9. 2001.

Der intellektuelle Graben, der sich zwischen Europa und Amerika angesichts der forcierten Kriegspolitik der einzig verbliebenen Weltmacht auftut, kann aber nicht überwunden werden, solange das geistesgeschichtliche Erbe der westlichen Zivilisation und die historischen Weggabelungen zwischen der europäischen und amerikanischen Staatsdoktrin nicht aufgeklärt und aufgearbeitet sind (vgl. G. Haller 2002).

Im ersten Teil meines Buches gehe ich den Spuren des Drachentötermotivs in Bildern und Legenden nach, eine Symbolreise, die vom Vorderen Orient über die griechische und römische Antike bis ins europäische Hochmittelalter führt. Von da aus geht sie auf untergründigen Pfaden weiter zur Denkstruktur der neuzeitlichen Naturwissenschaft, in welcher die grundsätzliche Spaltung zwischen Geist und Natur bzw. die Herrschaft des männlichen Geistes über die weibliche Natur ihre Fortsetzung findet.

Zunächst geht es um die kulturpsychologischen Hintergründe beider am Kampf beteiligten Figuren: um die des heldischen Zerstörers und um die merkwürdige Mischgestalt des *Drachens*. Die mythische Legende von Marduk erzählt, dass der junge Sonnengott die alte Göttin *Tiamat*, Urmutter des Alls und der Götter, in ihrer Gestalt als Meeresdrachen tötet. Für Marduk ist sie nur Ausdruck des Chaos, das die Lebenswelt bedroht, und deshalb durchbohrt er den Drachen mit seiner Lanze, um den toten Leib in zwei Teile zu teilen und Himmel und Erde daraus zu formen.

Vor dieser mythischen Erzählung war jahrhundertelang die Drachengestalt mit keiner negativen Bewertung verbunden. Vielmehr hatte sie als geflügelte Schlange oder Echse im ganzen Vorderen Orient die Bedeutung der kosmischen Einheit von Himmel, Erde und Unterwelt, aber auch von Leben, Tod und Wiedergeburt. Zusammen mit anderen bekannten Mischfiguren wie denen der *Sphinx* oder des *Greifs*, waren sie Sinnbilder allumfassender Göttinnen und einer kosmischen Symbolik, die den wertenden Dualismus zwischen Himmel und Erde nicht kannte. Dabei symbolisieren Adler- oder Geierflügel den himmlischen, der Löwenleib den irdischen Bereich und das ineinander übergehende Bild von Schlange und Echse die Unterwelt, aus der das neue Leben wiedergeboren wird.

Erst im symbolischen Gründungsakt der patriarchalen Machtergreifung stellt *Marduk* triumphierend seinen Fuß auf die getötete Drachin und zerreißt sie in einen oberen und einen unteren Teil, um angeblich das Himmelslicht in das bisherige Chaos zu bringen. Dies erweist sich als wenig plausibel, wenn wir bedenken, dass zur matrizentrischen Mythenwelt schon große Himmelsgöttinnen gehörten, wie *Ischtar* mit dem nach ihr benannten Morgen- und Abendstern (später Venusstern) oder die hethitische *Sonnengöttin*. Die vorpatriarchale Mythenstruktur geht überhaupt nicht von sexistischen Zuordnungen aus. Ihr Differenzierungsprinzip ist nicht Polarisierung, sondern Filialisierung: Die Mutter des Alls bringt unzählige Töchter und Söhne hervor, Sonnengöttinnen und -götter, Mondgötter und -göttinnen, Berg-, Fluss-, Wald- und Erdgeister beiderlei Geschlechts. Nur die Urschöpfung des Lebens wird mit dem weiblichen Schoß assoziiert und ebenso die Rückkehr der sterbenden Kreatur zu diesem Urgrund.

Die mythischen Erzählungen von Marduk berichten allerdings noch von einem anderen Motiv als dem des Lichtbringers. Sie sprechen von Eifersucht und Groll auf die Göttin, von der er sich zurückgesetzt fühlt. Auch *Gilgamesch* führt in dem nach ihm benannten Epos Klage gegen Ischtar, weil sie sich ihre Liebhaber nach eigener Wahl nimmt und wieder fallen lässt. Sie untersteht ursprünglich weder einem Vatergott noch einem Göttergatten, weil alle ihre möglichen Liebhaber – kosmogenetisch gesehen – ihre Söhne sind. Erst der patriarchale Götterhimmel stellt diese Genealogie auf den Kopf: Ischtar als Schöpfungs- und Liebesgöttin wird zur Tochter des Himmelsgottes An, der nun als Vatergott am Beginn der Schöpfung steht.

Die Parallele zum Lichthelden Marduk stellt in der griechischen Mythologie *Apollon* dar, der die uralte Orakelstätte von Delphi erobert und dort ihre Bewacherin, die Pythonschlange, tötet. Einen noch dramatischeren Kampf führt *Perseus*, der Sohn des Zeus, gegen die alte, kosmische Göttin *Medusa*, die in einigen Darstellungen nicht nur geflügelt, sondern mit Löwentatzen und dem Leib eines Meeresdrachens abgebildet ist.

Auch andere Mischfiguren wie der Minotauros, die Sphinx oder die Kentauren fallen den Olympiern zum Opfer, unter denen *Herakles* mit seiner Keule als der mächtigste Kämpfer gegen das vermeintlich Böse hervortritt. Sein Geist beherrscht auch die römische Sakralkunst, die in hellenistischer Zeit durch die Übernahme vorderasiatischer Motive erweitert wird. Der altiranische Lichtheld *Mithras* als Stiertöter wird zum Idol der römischen Soldaten und zu einer Variante des Kaiserkults.

Auch bei diesen gewaltsamen Ablösungsmythen wird die Göttergenealogie pervertiert: Der junge Sonnengott *Zeus*, den die indoeuropäischen Eroberer mitbrachten, macht sich zum Vatergott, indem er die Jahrhunderte vor ihm verehrte Göttin *Athene* als Tochter aus seinem Haupt hervorzieht und Dionysos, den Sohn der Demeter, aus seinem Schenkel gebiert. Wie Ischtar vor ihr, wird Athene auf ihre neue Funktion als Kriegsgöttin reduziert, was dem Kampfgeist der Eroberer entsprach. Eine zweite Art des Strukturwandels besteht darin, ehemalige große Göttinnen zu Gemahlinnen der neuen Hochgötter zu deklarieren, wie es mit der griechischen Göttin *Hera* geschah, deren Tempel in Olympia lange vor dem berühmten Zeustempel stand.

Der *Chaosdrache* hat aber neben seiner mythologischen auch eine eminent *politische* Bedeutung. Es ist nicht zu vergessen, dass der Kampf der neuen Götter gegen das alte Göttergeschlecht die Unterwerfung der indigenen Völker unter die Herrschaft der Eroberer spiegelt. Um ihre Herrschaft zu rechtfertigen, proklamierten sich die neuen Herren als *Kulturbringer*, was allerdings die historische Realität verleugnet. Die vorgriechische mediterrane Grundkultur bestand aus einer dichten, wohlgeordneten dörflichen Besiedlung und aus Städten auf hoher Zivilisationsstufe, wovon Zypern mit seiner achttausendjährigen Geschichte und das Alte Kreta noch letzte Reste bewahren. Hingegen war im griechischen Geschichtsverständnis Kekrops der erste König von Athen, der das vorher bestehende gesellschaftliche Chaos dadurch überwand, dass er die patriarchale Ehe einführte.

Für unser aufgeklärtes Zeitalter, das meint, den mythologischen Aberglauben hinter sich gelassen zu haben, übt eine andere, im klassischen Griechenland entstandene Denktradition bis heute einen nicht zu unterschätzenden Einfluss aus. Gewissermaßen als Scharnier zwischen Mythologie und Philosophie wirkte das Gedankengebäude des *Pythagoras* (580–500 v. Chr.). In seinen berühmten Gegensatzpaaren, wie sie uns von Aristoteles überliefert sind, stellt er das Prinzip des Kosmos dem Prinzip des Chaos entgegen und nennt den Ordnung stiftenden Geist männlich und das ungeformte Chaos weiblich. Dies erinnert ganz an die Zuschreibung des Sündenfalls an die Urmutter Eva, die sich mit der Schlange verbündet, aber auch an den *Pandora*-Mythos aus der Feder des griechischen Dichters Hesiod (um 700 v. Chr.). Demnach brachte Pandora – deren Name die »Allgebende« heißt – in ihrer »Büchse« alles Übel auf die Welt, in einem Gefäß, das ursprünglich als Fruchtbarkeitssymbol verstanden wurde (Ellen D. Reeder 1996).

So schreibt die griechische Philosophie ein dualistisches Weltbild fest, das mit dem patriarchalen Kulturumbruch zu Beginn unserer Schriftkultur entstanden war. Bei *Parmenides* und *Platon* ist die äußere Wirklichkeit nur Schein und ist der Leib der Kerker der Seele. *Aristoteles* sieht in der Geistseele die männliche Formkraft, die aus der toten Materie (lat. »mater«) die lebendige Wirklichkeit erst schafft. Bis in die ersten nachchristlichen Jahrhunderte sind sich Philosophen und Kirchenlehrer nicht sicher, ob sie auch den Frauen eine unsterbliche Seele zubilligen sollen.

Bekanntlich führte die christliche Scholastik die sexistisch gefärbten Dualismen fort, und selbst nachdem die neuzeitliche Philosophie mit den kirchlichen Dogmen gebrochen hatte, überwand sie die mehrtausendjährige Spaltung zwischen Geist und Natur nicht. *Francis Bacon* (1561–1626), als der Begründer der experimentellen Naturwissenschaften, hielt hartnäckig an sexistischen Bildern fest. Er ist der Schöpfer des Ausdrucks »superman«, den er den Naturforschern als den zukünftigen Herren über die Natur verlieh. Im neu anbrechenden »männlichen Zeitalter« sollten sie die Natur wie eine Sklavin unterwerfen und durch ihre künstlichen Werke in den Schatten stellen. Bacon sieht in der Natur noch immer eine dämonische Macht und vergleicht die neuen experimentellen Werkzeuge mit der Hexenfolter, womit der Natur ihre Geheimnisse zu entreißen sind.

Psychologisch gesehen ist der patriarchale Geist-Körper-Dualismus ein ideologischer Kunstgriff, um den Tod zu leugnen, indem man den Geist von der Sterblichkeit des Leibes ausklammert und das Altern und den Tod auf den weiblichen Leib projiziert. So etwas scheint sich auch in der Vision einiger Kybernetiker abzuspielen, die »Geistkinder« (mind children) schaffen wollen, indem sie versuchen, das geistige Programm eines Menschen im Computer zu speichern und den Leib überflüssig zu machen.

Im Mainstream von Naturwissenschaften und Medizin geht es bis heute um den Sieg über die Fehler der Natur und eines Tages möglicherweise auch um den Sieg über den Tod. Erst allmählich bricht sich der Gedanke Bahn, dass der Kampf um das gute Leben nur mit und nicht gegen die Natur zu gewinnen ist. Aber noch immer wird von der Pharmaindustrie die Chemiekeule geschwungen, wie einst Herkules seine tödliche Waffe gegen die vermeintlichen Ungeheuer der Natur schwang.

Es lohnt sich also aus mehreren Gründen, dem Vorbild des Drachenkampfes bis an seine Wurzeln auf den Grund zu gehen. Ohne dies werden wir die Hauptprobleme des 21. Jahrhunderts nicht lösen können: die zerstörte ökologische Balance, die Überwindung kriegerischer Gewalt und die einseitige Fokussierung der medizinischen Spitzenwissenschaft auf die Lebensverlängerung privilegierter Gesellschaften.

Widmet sich der erste Teil des Buches der Dekonstruktion einer fatalen Kampf- und Kriegsideologie, so stellt der zweite Teil die Rückbesinnung auf ein völlig anderes, noch älteres Männlichkeitsideal dar. Daran lässt sich zeigen, dass der »Kampf aller gegen alle« nicht der selbstverständliche Naturzustand der menschlichen Gemeinschaft war, wie *Thomas Hobbes* dies annahm, und dass nicht der Krieg der »Vater aller Dinge« sei, wie man einen Ausspruch Heraklits übersetzt hat. Selbst unter den Wölfen, die Hobbes mit den barbarischen Menschen vergleicht, gibt es, wie bei allen Säugetieren, eine Gruppenordnung, die destruktive Aggressionen innerhalb der Gemeinschaft gerade verhindert oder zumindest einschränkt.

Bis heute gibt es vorpatriarchale Ethnien mit matrilinearer oder bilateraler Verwandtschaftsrechnung, deren vorrangiges Ziel in der Friedenssicherung innerhalb der Gruppe und zwischen Nachbargruppen besteht. Dazu dienen der faire Tausch von Waren, gegenseitige Geschenke, Heiratsabkommen und solidarische Sippenverantwortung im Fall von Verstößen. Von den Hopi im Süden der USA berichtete Ruth Benedikt in den 1930er Jahren, dass sie nicht einmal ein Wort für »Krieg« kannten. Auch in den ältesten jungsteinzeitlichen Siedlungen zwischen dem 7. und 4. Jahrtausend vor unserer Zeitrechnung fanden sich außer Zeremonialdolchen für die Opferpraxis weder Waffen noch Verteidigungswälle, was noch für das Alte Kreta vor der griechischen Eroberung gilt.

Es verhält sich also genau umgekehrt wie von *Freud* angenommen: Am Anfang steht nicht die Barbarei, die erst allmählich unter Führung der (männlichen) Vernunft und Wissenschaft zu friedlicheren Verhältnissen führen wird. Vielmehr ist das paradoxe Gegenteil der Fall, wenn heute nahezu 50 Prozent der amerikanischen Wissenschaftler für die Entwicklung von Waffensystemen arbeiten, die immer menschenverachtender werden. Daneben nehmen sich die Kampfrituale der Steinzeitgesellschaften, die man ungenau als Stammeskriege bezeichnet, geradezu idyllisch aus. Selbst den archaischen Kopfjägerfehden liegt nicht das blutrünstige Motiv zugrunde, das wir ihnen unterstellen. Sie waren vielmehr eine Art sakraler Fehden mit einem reziproken Opfergedanken, bei der die Männer der verschwägerten Gruppen das eigene Leben riskierten, um damit der Fruchtbarkeit des Landes zu dienen. Die erbeuteten Köpfe standen für das magische Äquivalent der Kokusnuss, welche die Ernährungsgrundlage ihres Landes bildete (B. Hauser-Schäublin 1977).

Krieg als Selbstzweck eines Kriegeradels hat sich erst aufgrund der oben genannten Völkerverschiebungen etabliert und wurde dem gemeinen Volk als Männlichkeitsideal aufoktroyiert.

Hingegen wird in den vorpatriarchalen zyklischen Religionsmodellen der Ablauf Leben-Tod-Leben als rhythmischer Wechsel sowohl des kosmischen als auch des menschlichen Daseins begriffen, und von da aus steht nicht das Individuum im Zentrum, sondern die Generationenfolge. Dabei gelten die Frauen, wie ein australischer Ethnologe berichtet, als »von Natur aus heilig« (K.P. Koepping 1983), weil sie das neue Leben hervorbringen und mit ihrem Leib ernähren. Deren selbstverständliche soziale Rolle musste sich die Männergruppe erst schaffen, sei es durch ihren Jagdbeitrag zur Ernährung, sei es durch Metallgewinnung und Verbesserung der Werkzeuge oder durch Schutz gegen Gefahren von außen. Immer aber trugen sie das ganz konkrete Leben der Gruppe mit: als Ackerbauer neben den Bäuerinnen, als Mitbetreuer vor allem der männlichen Kinder oder als Heiler im Kreis berufener SchamanInnen.

Mein Ausgangspunkt für die Wiederentdeckung des männlichen Lebensträgers ist die *Christophorusfigur*, die während des ganzen Mittelalters zu den häufigsten Darstellungen christlicher Heiliger gehörte. Die Geschichte ihrer Verehrung, die eigenartige Erzählung in der Legenda aurea aus dem 13. Jahrhundert und nicht zuletzt die weit verbreiteten, heute leider oft verblassten Bildzeugnisse eröffneten mir Verbindungslinien zu vorchristlichen Göttergestalten, die während des 4. und 5. nachchristlichen Jahrhunderts durch die neuen Glaubensinhalte übermalt wurden. Es ist ja eine bekannte Tatsache, dass vielerorts in Kleinasien, Nordafrika und im Mittelmeerraum Kirchen auf dem Boden alter Adonis-, Apollon- oder Aeskulapheiligtümer errichtet und unter das Patronat christlicher Heiliger gestellt wurden. Dabei übernahmen diese in der Volksfrömmigkeit häufig Züge ihrer heidnischen Vorgänger. Parallel dazu stehen unzählige Marien- und Wallfahrtskirchen auf dem Boden alter Kultstätten heidnischer Muttergottheiten oder sind christlichen Heiligen geweiht, welche frühere Adressatinnen der Verehrung überdecken. Während aber die Hintergründe der Verehrung weiblicher Heiliger schon mehrfach bearbeitet wurden, sind die kulturgeschichtlichen Wurzeln der männlichen Heiligen erst zum Teil erforscht.

Die Bilderfolge des zweiten Buchteils liefert uns anhand wiederkehrender Motive – wie dem des grünenden Stabes, der Überquerung der Furt oder der Art der Physiognomie und Kleidung des Heiligen – Hinweise auf alte Vegetationsgottheiten wie Adonis, Attis und Dionysos. Andererseits weckt seine Riesengestalt Erinnerungen an den *Wilden Mann* im Alpengebiet und an den *Grünen Mann*, den wir bis hinauf nach Frankreich und England in christlichen Kathedralen entdecken können. Allen diesen Figuren gemeinsam ist das Motiv des *Lebensträgers*, der das junge Leben über den Tod hinüber trägt und damit der sterbenden Vegetation im Frühling zu neuer Blüte verhilft. Dabei ist einmal mehr erstaunlich und faszinierend, wie stark sich die künstlerische Tradition aus uralten Quellen speist, ohne dass dies dem einzelnen Künstler bewusst zu sein braucht.

Interessanterweise haben sich schon Päpste des Mittelalters mit der Figur des Heiligen Christophorus schwer getan, unter anderem deshalb, weil seine Legende als christlicher Märtyrer jeder historischen Grundlage entbehrt. Heute ist er im katholischen Heiligenverzeichnis nicht mehr vertreten. Die Schwierigkeiten beginnen damit, dass »Christophorus« eigentlich kein Eigenname ist, sondern die Bezeichnung für frühchristliche Missionare, die die Botschaft Christi in andere Länder trugen. Die Bildkomposition des Christusträgers wäre dann nur die allegorische Umsetzung dieses Begriffs, was allerdings nicht die Hartnäckigkeit seiner Verehrung als Volksheiliger erklärt. Es ist wohl auch kein Zufall, dass die größte Zahl der mitteleuropäischen Christophorusdarstellungen mit den Zeiten der Pestseuchen zusammenfällt. Damals erschienen unter den vierzehn Nothelfern neben Christophorus noch andere Heilige, deren christlicher Ursprung dunkel ist. Offensichtlich griff das Volk in großer Not auf inoffizielle, oft magisch besetzte Heilsfiguren zurück.

Historisch belegt ist die erste Kirchengründung unter dem Patronat des Christophorus im Jahr 452 in Chalkedon/Kleinasien. Von da aus verbreitete sich sein Kult über Griechenland und Italien nach Mitteleuropa, wo seine Passion in Handschriften des 8./9. Jahrhunderts auftaucht und in der Legenda aurea ergänzt wurde. Erste bildliche Darstellungen sind aus dem 12. Jahrhundert erhalten und erreichen den Höhepunkt ihrer Verbreitung im 14. und 15. Jahrhundert.

Während in der Reformationszeit der Kult des Christophorus wie der anderer Heiliger als Aberglaube abgetan wurde, kam es innerhalb der katholischen Kirche noch einmal zu einer späten Renaissance, als Christophorus im 20. Jahrhundert zum Schutzpatron der motorisierten VerkehrsteilnehmerInnen wurde. Erst nach der Banalisierung seiner Gestalt als eine Art Maskottchen auf Medaillen und Schlüsselanhängern zog sich die Kirche endgültig von dem umstrittenen Heiligen zurück.

Im Gegensatz zum Männlichkeitsideal des Drachentöters, das mit einer untergründigen Frauenfeindlichkeit parallel läuft, zeigen uns viele Christophorusdarstellungen die Verbindung mit dem Weiblichen in Gestalt der *Nixe*, die an zentraler Stelle im zu überschreitenden Wasser präsent ist. Auch dies erinnert an die alten Vegetationsgötter, die ihre Lebenserneuerung aus dem Schoß großer Mutter- und Liebesgöttinnen empfangen. Gleiches gilt für den Wilden Mann und den Grünen Mann, die in den Volkslegenden und zum Teil auch in bildlichen Darstellungen mit den so genannten »Saligen« und anderen archaischen Göttinnen verbunden sind.

Ich möchte aber nicht bei einer Art Symbolarchäologie verharren, sondern in die Zukunft schauen und die bis vor kurzem vorherrschende Meinung widerlegen, dass die *Geschlechterpolaritäten* Teil einer urtümlichen oder archetypischen Symbolstruktur sind. Diese Auffassung wurde von dem bekannten Symbolforscher *Manfred Lurker* noch 1990 vertreten, wenn er von einer »Metaphysik der Geschlechter« spricht. Demnach gäbe es eine kosmische Verankerung der männlichen Rolle im oberen Geistprinzip und derjenigen der Frau in den erdhaften, passiven Kräften des Lebens. Hingegen können sich die modernen Emanzipationsbewegungen der Frauen auf viel ältere, wenn auch vergessene Rollenzuteilungen berufen.

Allerdings stehen wir heute erst am Anfang vom Ende des Geschlechterkampfes. Geht es bisher vor allem um die Gleichberechtigung der Frauen in allen Schlüsselstellungen der Gesellschaft, so bleibt diese Anstrengung ohne die gleichzeitige Emanzipation der Männer vergeblich. Es genügt nicht, dass Frauen lernen, sich ihres Verstandes und ihrer Willenskraft zu bedienen, nun müssen die Männer ihre Fixierung auf Macht und Machbarkeit korrigieren. Nur das Verstehen ganzheitlicher Lebenszusammenhänge und die Einbindung des Mannes in die konkrete Betreuung des heranwachsenden Lebens können zum entscheidenden Paradigmenwechsel für eine neue Vision von kulturellem Fortschritt führen.

Immerhin gibt es Ansätze für eine gleichgewichtige Elternschaft, bei denen auch Väter im Wortsinn ihre Kinder tragen. Doch wird es bei schüchternen Anläufen bleiben, solange unsere neoliberale Theorie das Konkurrenzverhalten und die »Winner«-Mentalität als höchste aller Tugenden preist. Dabei rechnet die Theorie vom »homo oeconomicus« mit einem isolierten Menschen, den es in Wirklichkeit gar nicht gibt. Vielleicht wird uns die demographische Überalterung bald dazu zwingen, die unverzichtbaren Tugenden der Fürsorge, ohne die weder Kinder groß werden noch gebrechliche Menschen leben können, als hochrangige Leistungen in unser Bruttosozialprodukt einzubeziehen. Dazu kommt, dass sich nicht zuletzt durch die Globalisierung die Theorie von der unsichtbaren Hand des Marktes, welche die Habgier des Einzelnen angeblich zum Wohlstand aller führt, als irrational entlarvt (vgl. H. Ch. Binswanger 1998).

Vor einem grundsätzlichen Paradigmenwechsel stehen aber auch die Naturwissenschaften. Unter ihren Spitzenforschern gibt es ermutigende Tendenzen zur Ablösung vom mechanistischen Weltbild durch Theorien der Selbstorganisation des Lebendigen und zu einem viel behutsameren Eingriff in die dynamischen Vorgänge der Natur. Freilich werden sie durchkreuzt durch die immer stärkere Abhängigkeit der Forschung von gewinnorientierten Sponsoren der Privatwirtschaft. Dies und der zunehmende Vorrang von Wirtschaftsinteressen vor der Politik höhlen die demokratische Entscheidungsfreiheit aus, sodass die resignierte Meinung um sich greift, die Änderungen unseres Kulturkurses scheitere an der Macht der Kapitalträger.

Dagegen ist einzuwenden, dass auch Machtvorstellungen keineswegs nur auf greifbaren Fakten beruhen, sondern im Kopf entstehen. Die Demaskierung von menschengemachten Ideologien als »Hirngespinste« könnte ihren Trägern die moralische Rechtfertigung und damit auf Dauer auch ihre Macht entziehen. Dazu müssten allerdings die Intellektuellen ihre Aufgabe als Nebelspalter von Selbstbetrug und frommen Lügen wahrnehmen und sich nicht als »Kopflanger« (Robert Jungk) von der jeweiligen Machtelite missbrauchen lassen. Vielleicht kann die vorliegende Bilddokumentation dazu beitragen, den martialischen Denkmodellen etwas von ihrer Suggestionskraft zu nehmen, um Raum für andere Perspektiven zu schaffen.

I

Der Drachentöter als universelles Symbol für den Kampf gegen das Böse

Das Motiv des Drachentöters im Vorderen Orient

Auf Hunderten von sumerischen und akkadischen Rollsiegeln taucht das Motiv des göttlichen Drachentöters schon ab Mitte des dritten vorchristlichen Jahrtausends auf, ohne dass wir ihn mit einem bestimmten Namen identifizieren können. Erst der später niedergeschriebene babylonische Schöpfungsmythos *Enuma elish* erzählt die Geschichte vom jungen Sonnengott *Marduk,* der als der Auserwählte unter jungen Göttern gegen die alte Muttergöttin *Tiamat* kämpft und sie besiegt. Er führt den tödlichen Stoß gegen ihre Erscheinung als Meeres- oder Feuerdrachen, der die elementare Schöpfungskraft der Mutter des Alls und aller Götter repräsentiert. Danach zerteilt Marduk den toten Leib und stemmt die obere Hälfte als Himmelsgewölbe hinauf, während er aus dem unteren Teil die Erde bildet. Dieser Muttermord wird als heldische Tat gefeiert, weil der junge Gott damit das Licht auf die finstere Welt gebracht habe.

Auf Abb. 1 sehen wir eine siebenköpfige Schlange, die an die spätere griechische Hydra erinnert und aus deren

Abb. 1 Rollsiegel aus Tell Asmar, um 2300 v. Chr.

Abb. 2 Assyrisches Siegel, 8./7. Jahrhundert v. Chr.

Rücken feurige Flammen emporlodern. Während einer der Götter, die an ihrer Hörnerkrone zu erkennen sind, den Schwanz des Drachens festhält, stößt ihm der andere seinen Speer in einen der Köpfe.

Das wesentlich später entstandene assyrische Siegel auf Abb. 2 zeigt den gewaltigen Anlauf des Gottes (Marduk?), der im Begriff ist, seinen Dolch in den Rachen der gehörnten Schlange zu stoßen. Hinter ihm applaudiert eine musizierende Gefolgschaft, am rechten unteren Bildrand stehen Lebensbäume, aus denen die Schlange hervorzutreten scheint, und am oberen Rand erscheinen der Mond und kleinere Gestirne (?), die der Gott gegen den Drachen schleudert.

Das Motiv, durch einen männlichen Kraftakt Licht in die Welt zu bringen, finden wir auch in der so genannten *Theologie von Heliopolis* im Alten Ägypten Ende des 3. vorchristlichen Jahrtausends. In dieser patriarchalen Götterordnung stellt sich *Re* an die Spitze des Pantheons als Schöpfer des Kosmos. Sein Sohn *Schu* trennt die Himmelsgöttin *Nut* vom Erdgott *Geb,* um sie als Firmament emporzustemmen. Im Gegensatz dazu galt Nut in den Pyramidentexten und im Totenbuch als Himmelsgöttin, die jeden Morgen die Sonne gebiert. Auch bei ihrer Nachfolgerin, der Himmelsgöttin *Hathor*, erscheinen Sonne, Mond und Sterne auf dem Fell ihrer riesigen Gestalt als Himmelskuh. In diesen Bildern ist die Nacht die Mutter des Alls und die Gebärerin der Gestirne.

Abb. 3 Wandmalerei aus dem Tal der Könige, 18.Dynastie

Erst der neue Sonnengott Re führt jeden Abend und jeden Morgen einen Kampf gegen die Unterweltsschlange Apophis, die seine Sonnenbarke auf ihrer nächtlichen Fahrt zu verschlingen droht. Er kann sie aber nicht töten, sondern jeweils nur zurückstoßen und durch eine Art Nadelstiche in Schach halten.

Der Drache als geflügelte Schlange findet sich andererseits häufig in Grabmalereien, wo er zweifellos das Symbol für Auferstehung und Wiedergeburt ist (Abb. 3).

In der Bildmitte dieser Malerei steht vermutlich der Genius des Verstorbenen, der an die Flügel des Drachens greift. Über ihm die Sonne und die Augen des Re, unten rechts neben dem Kopf der Schlange die Lebensschleife, das so genannte Henkelkreuz. Rechts außen sehen wir *Maat,* die Göttin der Gerechtigkeit, in ihrer typischen Hockstellung auf einer Schlange sitzend, die sich nach oben aufrichtet.

Dass der Drache als geflügelte Schlange oder geflügelte Echse nicht überall und nicht von jeher eine negative und bedrohliche Bedeutung hatte, zeigt sich am deutlichsten in der Symbolik Chinas, wo er das Hoheitszeichen der Kaiser war

Abb. 4 Ninurta im Kampf mit dem geflügelten Löwen.
Relief aus Nimrud, 870 v. Chr.

und wo man noch heute am großen Drachenfest Papierdrachen als Glückszeichen in den Himmel steigen lässt.

Um aber auf die Drachentöter in Mesopotamien zurückzukommen, so wird dort häufig auch der Wettergott als Bezwinger eines geflügelten Ungeheuers dargestellt. Auf Abb. 4 sehen wir den Gott *Ninurta* mit den Flügeln des Sturms und den dreizackigen Blitzgabeln im Kampf mit einem Löwendrachen. Als Stellvertreter Marduks oder Ninurtas war es die Aufgabe der babylonischen Könige, das Böse und die Bösen zu vernichten (U. Steffen 1984, S. 59 f.).

Für welche Macht der geflügelte Löwe steht, der als Mischfigur an die Sphingen erinnert, lässt sich aufgrund anderer mythologischer Zusammenhänge vermuten. Auf einem akkadischen Siegel tritt er als Reittier der Göttin *Ischtar* auf, die als nackte Figur auf ihm steht. Sie hält Regenströme in ihren Händen als Zeichen der Fruchtbarkeit, während sie den Wettergott in einem Wagen hinter sich herzieht, an den sie die Funktion des Regenbringers delegiert (Abb. 5).

Abb. 5 Rollsiegel aus Südmesopotamien, akkadische Periode

Dass wir die ältesten *Sphingen* als geflügelte Löwinnen interpretieren können, erweist sich auf einem ebenfalls sehr alten Bildnis der Göttin *Imdugud.* Diese wird mit Adlerkörper und Löwinnenkopf dargestellt und nistet, wie das Gilgameschepos erzählt, auf dem Lebensbaum der *Inanna* (Abb. 6).

Die Göttin *Imdugud*, die auch häufig auf sumerischen Siegeln erscheint, wurde als Muttergöttin verehrt, die ihre Jungen ausbrütet und umsorgt, und gleichzeitig als Schicksalsgöttin, die den Menschen ihr Los zuteilt. So präsentieren sich hier sowohl der Adler als auch der Löwenkopf als weiblich. Bei allen archaischen Tiersymbolen ist zu bedenken, dass die Menschen der Frühkulturen sehr genaue Naturbeobachter waren. Sie wussten, dass bei den meisten Adler- und Geierarten die Weibchen die größere Flügelspannweite besitzen und dass unter den Raubkatzen die Muttertiere die großen Jägerinnen sind. Die großen Göttinnen der alten Hochkulturen stehen alle mit den gefährlichsten Tieren der Fauna in Verbindung: mit Raubvögeln, Raubkatzen, Raubfischen und Krokodilen, und noch im klassischen Griechenland wird die Göttin *Artemis* als »Herrin der Tiere« verehrt. Die vorderasiatischen Göttinnen *Hepat, Kubaba* und *Kadesch* stehen auf Löwinnen, die ägyptische *Sachmet* und *Tefnut* präsentieren sich mit dem Kopf einer Löwin, und in Indien und China sind Tigerinnen die Reit- und Symboltiere

Abb. 6 Kopf eines Zepters. Sumerische Votivgabe um 2600 v. Chr.

von weiblichen Gottheiten. Da es in den ältesten Religionen immer um den Schutz der Menschen vor den Naturgewalten geht, ist es durchaus plausibel, dass sie sich unter die Obhut der gefährlichsten Naturwesen stellen.

Dies gilt auch für eine weitere beliebte Mischfigur des Vorderen Orients, den *Greif*, als eine Kombination aus Adlerkopf, Adlerflügel und Löwenkörper sowie Adlerkrallen bzw. einer Löwentatze und einer Adlerkralle. Im alten Kreta tritt diese Figur auf Siegeln im Umkreis von Göttinnen auf und ist, wie Abb. 7 zeigt, als weibliche Figur an ihren Zitzen deutlich zu erkennen.

Welche Rolle die sitzende Figur links dabei spielt, ist nicht bekannt. Sie könnte sich auf eine Herrschaftsfigur der griechischen Eroberer beziehen, die Kreta nach dem Verfall der alten Paläste militärisch besetzten. Deutlich wird auch bei

Abb. 7 Mykenisches Siegel, 15. Jahrhundert v. Chr.

der Darstellung der Greifin die Dreiteilung der kosmischen Mischfigur, wobei Adlerkopf und Adlerflügel den himmlischen Bereich, der Löwenkörper den irdischen und der Schlangenschwanz die Unterwelt symbolisieren. Alle diese Bereiche wurden ursprünglich nicht als sich ausschließende Gegensätze, sondern als geschlossener Kreislauf zwischen Leben, Tod und Wiedergeburt verstanden. *Ischtar* als geflügelte Gestalt ist nicht nur Göttin des Morgen- und Abendsterns, der Fruchtbarkeit und der Liebe, sondern besitzt eine göttliche Schwester in der Unterwelt, *Ereschkigal*, zu der im Winter der sterbende Vegetationsgott einkehrt, um im Frühling von Ischtar wieder ausgelöst zu werden.

Erst nach der Umwandlung des matrizentrischen Pantheons in einen patriarchalen Götterhimmel werden in Babylonien und Assyrien die Greife neben den Sphingen als bösartige Ungeheuer verfolgt. Abb. 8 gibt eine der prachtvollen assyrischen Elfenbeinfiguren wieder. Sie zeigt einen geflügelten Jüngling, der mit der linken Hand einen Greifen festhält und mit dem rechten Arm eine (abgebrochene) Waffe gegen das Untier richtet.

Abb. 8
Assyrische Elfenbeinschnitzerei aus Nimrud, 8./7. Jahrhundert v. Chr.

Im Unterschied zu den weiblichen werden die ältesten männlichen Götter in Gestalt des Stiers und anderer mächtiger gehörnter Tiere wie Hirsch, Widder und Steinbock verehrt. Sie begegnen uns als Wetter- und Mondgötter, wobei Stier- und Mondhorn mit ihrer phallischen Symbolik ineinander übergehen. Neben dem *Osiris*-Stier besteht in Ägypten die Vorstellung, dass der Sonnengott *Re* seine Himmelsbahn als Sonnenkalb und Sonnenstier durchwandert. Die Sphingen werden in Ägypten erst mit der Vergöttlichung der Pharaonen ab der 5. Dynastie vermännlicht, nachdem König

Chephren der steinernen Sphinx von Gizeh seine Züge hatte einmeißeln lassen. Auch die von Ägypten beeinflusste assyrische Kunst stellt riesige männliche Sphingen neben geflügelte Stiere als Wächterfiguren (Lamassu) vor Tempel und Paläste. Hingegen bleiben in der hethitischen und nordsyrischen Plastik die Sphingen immer weiblich.

Wesentlichen Einfluss nahm die babylonische Mythologie auf die altjüdische Vorstellungswelt. Nicht nur soll *Abraham* aus dem Zweistromland nach Israel gekommen sein, auch aus der so genannten babylonischen Gefangenschaft brachten die Rückkehrer manches aus der Symbolwelt des Feindeslandes mit.

Die erste Parallele ergibt sich bei der Tat des zum einzigen Gott erhobenen *Jahwe,* wenn er den *Leviathan* tötet, ein weiblich gedachtes Meerungeheuer und die Verkörperung der Chaosmächte. Eine zweite Parallele finden wir beim Engelsturz, bei dem *Satan/Luzifer* in den Abgrund fällt. Wie sein Name sagt, war er ein Lichtträger, Sohn der Göttin der Morgenröte *Eos/Aurora* und der Gott des Morgen- und Abendsterns, wie vor ihm die Göttin Ischtar. Von Luzifer wird gesagt, er sei hochmütig und anmaßend gewesen, weshalb er aus dem Himmel gestoßen wurde. Es sind also auch hier die Repräsentanten einer matrizentrischen Mythologie, die durch den männlichen Hochgott vernichtet werden.

Eine wichtige Rolle am Thron Jahwes spielen die *Seraphim* und *Cherubim,* beides Mischwesen, die sich aus der geflügelten Schlange und dem geflügelten Löwen oder Greif ableiten. Erst als sie in ihrer ursprünglichen Bedeutung nicht mehr verstanden wurden, treten sie nun als geflügelte Jünglingsgestalten auf, die den Wagen Jahwes tragen. Sie sind es auch, die den Garten Eden bewachen und den Zugang mit ihren Feuerschwertern versperrten, nachdem Gott die Satansschlange am Lebensbaum verflucht und das sündige erste Menschenpaar aus dem Paradies vertrieben hatte. Abb. 9 zeigt einen Cherub mit sechs Flügeln, auf den Rädern des Jahwewagens stehend. Rings um seine Aura versammeln

Abb. 9 Cherub, einer der himmlischen Wächter Jahwes

sich die Köpfe von Greif, Löwe und Stier wie als Erinnerung an die mesopotamischen Wächterfiguren. Diese Symbole werden dann später den vier Evangelisten zugeschrieben: Der geflügelte Löwe dem *Markus,* der Stier dem *Lukas,* der Adler dem *Johannes* und der Jüngling dem *Matthäus.*

Neben den Cherubim und Seraphim galt der Erzengel *Michael* (hebr. »Wer ist wie Gott?«) als mächtigster Verteidiger Jahwes und seines göttlichen Richterspruchs. Sein Name entspricht seiner Rolle beim Engelssturz, bei dem er sich gegen den Hochmut Luzifers wendet. Später wird er von der christlichen Ikonographie übernommen und dort zum Lichthelden gegen das Prinzip des Bösen.

Machtkämpfe gab es aber nicht nur im Himmel, sondern seit der patriarchalen Machtergreifung auch ständige Kriege auf Erden. Längst dienten diese nicht mehr der Landsuche, sondern seit dem Ende des 3. vorchristlichen Jahrtausends der Erweiterung des eigenen Herrschaftsgebiets zu so genannten Reichsgründungen durch orientalische Könige. Hierarchische Herrschaft war und ist immer Gewaltherrschaft über das eigene Volk und über bezwungene Feinde. Sie kann nur aufrecht erhalten werden durch die prophylaktische Verbreitung von Furcht und Schrecken. So gleichen sich die Siegesposen der Herrscher von Ägypten und ganz Vorderasiens, von denen Abb. 10 und 11 eine Auswahl bieten.

Auf der Palette von *Narmer* sehen wir im oberen Segment die Hyroglyphenzeichen seines Namens zwischen den Hathorköpfen. Auf der Hauptfläche der Palette steht der König mit hocherhobenem Zepter, um es gegen einen Gefangenen oder Sklaven zu schleudern, den er mit seiner Linken am Schopf hält. Die beiden Kronen versinnbildlichen die siegreiche Vereinigung von Ober- und Unterägypten: Die Krone Oberägyptens trägt er auf seinem Haupt, die Unterägyptens der gegenüber dem König erscheinende Kopf. Interessanterweise nennt sich das vereinigte Königreich das Reich der »zwei Herrinnen«, was auf die oberägyptische Göttin *Nechbet* und die unterägyptische Göttin *Uto* anspielt. Der ersten

Abb. 10 Palette des Königs Narmer
1. Dynastie um 2900 v. Chr.

Abb. 11 König von Ugarit
1400–1300 v. Chr., Elfenbeinarbeit

waren der Geier und die Biene heilig, der zweiten die Schlange und die Papyrusstaude. Wir sehen Papyrusstengel hinter dem Träger der unterägyptischen Krone. Im unteren Segment sind fliehende Feinde dargestellt, auch dies ein Motiv, das sich im ganzen Vorderen Orient als Zeichen der Herrschergewalt wiederholt.

Auf der Umzeichnung einer Elfenbeinarbeit aus dem 14. Jahrhundert v. Chr. steht der König von Ugarit in derselben Pose wie der Pharao und zückt sein Schwert gegen den zu Fall kommenden Feind. Auch finden wir auf Hunderten von Stelen aus Babylonien und Assyrien die Darstellung siegreicher Schlachtlinien, die ihre Feinde unter sich begraben, was sich in den Siegessäulen und Triumphbögen der Antike fortsetzt.

Der Drachentöter in der griechischen und römischen Antike

Die deutlichsten Parallelen zwischen dem babylonischen und dem griechischen Motiv des Drachentöters finden wir bei den Mythen von der *Hydra,* die *Herakles* zu Fall bringt, und der dramatischen Tötung der *Medusa,* der *Perseus* das Haupt abschlägt.

Auf Abb. 12 sehen wir links im Bild Herakles in seiner typischen Bekleidung mit dem Fell des Lemeischen Löwen, den er bereits erwürgt hat. Nun zieht er sein Schwert gegen die vielköpfige Hydra, auch »Lernäische Schlange« genannt. Der Kampf mit der Hydra zählt zu den ältesten mythologi-

Abb. 12 Herakles tötet die vielköpfige Hydra
Korinthische Vase, 7. Jahrhundert v. Chr.

Abb. 13 Perseus tötet Medusa, Vasenbild um 600 v. Chr.

schen Stoffen Griechenlands und ist vermutlich vom babylonischen Mythos beeinflusst.

Abb. 13 zeigt ein Vasenbild um 600 v. Chr., auf dem eine vierflüglige Medusa mit Schlangenhaar und Schlangengürtel im Zentrum steht. Perseus, der Sohn des Zeus, sticht ihr sein Schwert in den Hals, während er sich abwendet, um nicht vom Blick der Medusa versteinert zu werden.

Abb. 14 macht den Charakter des angeblichen Ungeheuers vollends klar. Hier wird Medusa als Mischwesen zwischen geflügeltem Seedrachen und Löwin dargestellt, was sie als Herrin über Himmel, Erde und Unterwelt erweist.

Dass Medusa einst eine große Göttin war, geht nicht nur daraus hervor, dass der erste griechische Steintempel auf Korfu ihr Bild auf seinem Giebel festhält. Noch in klassischer Zeit dient das Medusenhaupt auf Türen, Tassen und anderen Gebrauchsgegenständen als apotropäisches Zeichen, und bekanntlich trägt es Athene als Schutzzeichen auf ihrer Ägis (Ziegenfell).

Abb. 14 Schildverzierung aus Olympia, Mitte 6. Jahrhundert v. Chr.

Ein ähnliches Schicksal wie Medusa ereilte die mythische Figur der *Sphinx.* Ihr Name stammt von den griechischen Eroberern, heißt wörtlich »Würgerin« und stempelt sie zum tödlichen Ungeheuer. Bekanntlich befreite Ödipus die Stadt Theben von ihr, indem er als einziger ihr Rätsel löste und sie damit vom Sockel stürzte. Hier siegt symbolisch der männliche Geist über die Naturkraft des Weiblichen, die dämonisch aufgeladen wird. Es gibt aber in der griechischen Kunst auch Erinnerungen an ein lieblicheres Bild der kosmischen Herrin als Mischfigur zwischen Adler, Löwin und Schlange (Abb. 15).

Auf Abb. 15 ist der schön gelockte weibliche Kopf der

Abb. 15 Weibliche Sphinx, Lakonische Bronzefigur aus dem Schatzhaus von Olympia, 540–530 v. Chr.

Sphinx von einer Schale gekrönt, die den Fruchtkörben der alten Vegetationsgöttinnen gleicht. Ihre aufrechte Haltung auf dem Löwenleib mit den elegant geschwungenen Adlerflügeln verleiht dieser Figur etwas Majestätisches, wobei der linksspiralig gedrehte Schlangenschwanz den Herrschaftsbereich der Unterwelt symbolisiert.

Die klassischen Vasenbilder des 6. bis 4. Jahrhunderts v. Chr. stellen mythologische Szenen in reicher Fülle dar, unter ihnen besonders viele Kampfszenen unter Göttern und Helden aus der homerischen Dichtung. Dabei begegnet uns das Motiv des Drachentöters in immer neuen Spielarten. Abb. 16 zeigt den Göttervater *Zeus,* wie er eigenhändig mit seinem dreizackigen Blitzbündel einen *Giganten* vernichtet, eine männliche Figur mit riesigen Adlerflügeln und dem Unterleib einer Schlange. Wie die Titanen, so repräsentieren auch die Giganten ein archaisches, vorolympisches Göttergeschlecht.

Als einer der bekanntesten griechischen Heroen tötet *Theseus,* König von Athen, mehrere Ungeheuer, darunter ei-

Abb. 16 Zeus tötet einen Giganten. Chalkidische Hydria, 540/530 v. Chr.

nen Kentaur mit Menschenkopf und Pferdeleib. Die *Kentauren* galten als ein wilder Volksstamm aus den Bergwäldern, den die Griechen für heimtückisch und gefährlich hielten. Auf Abb. 17 sehen wir Theseus triumphierend seinen Fuß auf das erlegte Mischwesen stellen, wobei er seine Verachtung noch dadurch unterstreicht, dass er auf den Unhold spuckt.

Dieses antike Vorbild, oder besser, die ihm zugrunde liegende Mentalität, findet eine späte Nachfolge in der Pose illustrer Jäger, die sich noch im 20. Jahrhundert mit dem Fuß auf dem erlegten Tier ablichten ließen.

Alle diese mörderischen Taten sind nur ein Teil der riesigen Titanen- und Gigantenschlacht, in der die Olympier das vorgriechische Göttergeschlecht in den Tartaros, in die Unterwelt, stürzen. Medusa stammt aus der Linie der Erdmutter Gaia und der alten Meeresgottheiten. *Demeter* und *Poseidon*, angeblich die Geschwister des Zeus, waren ebenfalls vorolympische Gottheiten und wurden in den Olymp aufgenommen, weil sie sich aus den kultischen Festen nicht verbannen ließen.

Die berühmteste Heldentat des Theseus ist seine Tötung des *Minotauros* im Alten Kreta (Abb. 18).

Der Stierkörper des Minotauros ist fellbekleidet. Theseus

Abb. 17 Theseus tötet Kentaur. Innenbild einer Trinkschale 490/480 v. Chr.

kann sich im letzten Augenblick dem Stich seiner Hörner erwehren, indem er ihm das Schwert in die Brust stößt.

Offenbar hatten die griechischen Eroberer den alten Stierkult, der einem göttlichen Wesen galt und dem zu Ehren die kretischen Stierspiele stattfanden, nicht mehr verstanden. Die zwar äußerst riskanten, aber in der Regel unblutig verlaufenden Wettkämpfe bestanden in einem »salto mortale« über den Stierkörper, woran sich auch weibliche Toreros beteiligten. Dabei hielten sie sich an den (abgestumpften) Stierhörnern fest, um zum Überschlag anzusetzen. Die Griechen verbanden dies mit der Idee des Menschenopfers, während man in Kreta an den Altären der Paläste nur Stiere opferte. Die griechische Sage machte daraus ein alle 7 Jahre zu wiederholendes Opfer, bei dem man dem legendären Stiermen-

Abb. 18 Theseus tötet den Minotauros. Attisches Gefäß 550 v. Chr.

schen Minotauros angeblich sieben Jünglinge und sieben Jungfrauen aus Athen vorwarf. Erst Theseus soll die Athener von diesem schrecklichen Brauch befreit haben.

Schließlich stellt *Herakles* als Sohn des Zeus und der sterblichen Alkmene alle anderen griechischen Helden mit seinen Taten in den Schatten. Für die griechische und später für die römische Antike wurde er zum Helden und Kulturbringer schlechthin. Er beteiligte sich maßgeblich am Kampf der Olympier gegen die Giganten und führte seine berühmten 12 Arbeiten aus. Eine dieser Arbeiten besteht im Erwür-

Abb. 19
Herakles als Keulenschwinger, Bronzestatuette, 2./1. Jahrhundert v. Chr.

gen des Nemeischen Löwen, der in der Nähe der mykenischen Palaststadt Tiryns sein Unwesen getrieben und die Hirten im umliegenden Bergland getötet haben soll. Mit anderen Ungeheuern wie der Chimäre verwandt, hatte der Löwe ein so undurchdringliches Fell, dass ihm weder Pfeile noch Schwerter etwas anhaben konnten. Herakles schlug ihn mit seiner Keule bewusstlos und erwürgte ihn. Danach

Abb. 20 Herakles entführt den Höllenhund.
Ausschnitt aus einer Vase aus Apulien um 300 v. Chr.

zog er ihm das Fell ab und trug es von da an um seine Schultern. Abb. 19 zeigt ihn mit dem vor der Brust geknüpften Löwenfell in seiner typischen Haltung als Keulenschwinger. Diese Bronzestatuette ist eine der unzähligen Heraklesdarstellungen, die in die Kunst der gesamten hellenistischen Welt Eingang gefunden haben.

Mit zu den wichtigsten Aufgaben des Herakles gehört die Entführung des Höllenhundes *Kerberos,* wenngleich diese auch nur für kurze Zeit gelingt. Daran wird deutlich, dass im patriarchalen Verständnis der Tod der größte Feind des Menschen ist, den schon *Gilgamesch* mit Hilfe des Unsterblichkeitskrauts überwinden wollte. Abb. 20 zeigt den Ausschnitt aus einer apulichen Vase, wie Herakles den dreiköpfigen Höllenhund an die Kette legt und dem Hades entreißt.

Der griechische Mythos hält den Höllenhund für einen Bruder der Sphinx und der Hydra, was uns schon seine vorolympische Herkunft verrät. Rechts auf dem Bild steht die Göttin *Hekate,* die oft dreiköpfig dargestellte Herrin über Leben und Tod. Hier tritt sie nur noch in ihrem Aspekt als

Todesgöttin auf, ihre Fackel gegen den Eindringling haltend. Doch Kerberos, ihr Begleittier, hat die drei (oder auch zwei) Köpfe von ihr geerbt, die manchmal weiß, rot und schwarz gefärbt sind. Dies ist ein Abbild der Mondphasen mit hellem Jungmond, rötlichem Vollmond und Schwarzmond (Neumond), was dem Zyklus von Jugend-Reife-Tod entspricht.

In Griechenland war *Herakles* einer der wenigen panhellenischen Götter neben *Zeus* und *Athene*. Sein tragischer Tod durch Verbrennen erinnert noch an Opferkulte im Gedenken an die alten Vegetationsgötter, und der Name Herakles an seine ursprüngliche Verbindung mit der vorolympischen Göttin *Hera*. Seine Apotheose durch die Aufnahme in den Olymp stellt ein Bindeglied zwischen dem alten Wiedergeburtsglauben und dem Auferstehungsglauben der Mysterienkulte und schließlich zu dem des Christentums dar.

Ein weiteres, sehr beliebtes Thema auf griechischen Vasen ist der Kampf gegen die *Amazonen*. Dieser hat zwar nicht unmittelbar mit dem Motiv des Drachenkampfes zu tun, bringt aber die unterschwellige Angst des griechischen Mannes vor dem Weiblichen zum Ausdruck. *Homers* Bericht, wonach die Amazonen den Trojanern in ihrem Kampf gegen die griechischen Angreifer zu Hilfe kamen, entbehrt zwar jeder historischen Grundlage, aber der Sieg über die Amazonenkönigin könnte etwas mit der patriarchalen Unterwerfung der Frau zu tun haben. Abb. 21 gibt den Kampf des *Achilleus* mit der Amazonenkönigin *Penthesilea* wieder.

Das meisterhafte Vasenbild auf Abb. 21 reflektiert die Legende, wonach sich Achill in dem Augenblick in Penthesilea verliebte, als sich ihre Blicke begegneten, der Held aber seine Lanze nicht mehr zurückziehen konnte. Dies spricht für die Ambivalenz gegenüber der Frau als begehrtes und zugleich gefährliches Wesen.

Noch deutlicher wird die paradoxe Sicht auf die Frau an einem anderen Vasenbild, auf dem der Held *Aias* in Troja die Priesterin *Kassandra* tödlich bedroht, um sie zu vergewaltigen und dem Sieger Agamemnon auszuliefern (Abb. 22).

Abb. 21 Achilles tötet die Amazonenkönigin Penthesilea
Halsamphora aus dem 6. Jahrhundert v. Chr. aus Vulci

Abb. 22 Aias und Kassandra, Wassergefäß um 480 v. Chr., dem Kleophradesmaler zugeschrieben

In der Mitte des Bildes sehen wir das so genannte Palladium, die Statue der Athene in ihrem trojanischen Tempel. Kassandra umfasst diese Schutz suchend, doch Aias reißt sie ungeachtet des heiligen Ortes fort. Rechts davon kauern die klagenden Mitpriesterinnen. Dieser Untat entspricht die Szene auf der Rückseite des gleichen Gefäßes, das den grausamen Mord am greisen König *Priamos* und dessen Sohn und Enkel im Zeustempel von Troja darstellt. Die Kampfeswut der Eroberer macht offensichtlich auch vor den Heiligtümern der obersten Götter, die Griechen und Trojaner gemeinsam verehren, nicht Halt. Auffallend an der Figur der Kassandra ist ihre berückend schöne Nacktheit. Die Szene erinnert uns daran, dass Vergewaltigungen der besiegten Frauen in allen Eroberungskriegen das ungeschriebene Recht der Sieger waren und zum Teil heute noch sind. In der griechischen Mythologie wird das machistische Motiv der

Heldensagen mehr oder weniger offen auch den olympischen Göttern zugeschrieben, allen voran dem Zeus, der unzähligen Göttinnen, Nymphen und menschlichen Frauen nachstellt, um sie auch gegen ihren Willen zu schwängern. Offenbar geht die Niederwerfung anderer Kulturen mit der Niederwerfung der Frau Hand in Hand.

Schließlich ist unter den griechischen Drachentötern noch *Apollon* zu nennen, der als Sonnengott und Sohn des Zeus den zweithöchsten Rang im Olymp einnimmt. Er ist seiner wahrscheinlich vorgriechischen Herkunft nach eine schillernde Gestalt, deren Pfeil und Bogen aus einer viel älteren, mit der Erdgöttin *Gaia* verbundenen Rolle als Gott der tödlichen Pfeile stammt. Apollon nimmt vom uralten Orakel in Delphi Besitz, indem er die Drachen tötet, die als Pythonschlange und als weibliche *Delphine* das Heiligtum schützten. Die ursprünglichen Orakelgöttinnen waren Gaia und ihre Töchter *Themis* und *Phoibe,* in deren Namen die Priesterin auf ihrem Dreifuß weissagte. Sie behielt ihren Schlangennamen *Pythia* noch in klassischer Zeit bei, als das Orakel längst politisch missbraucht wurde.

Ähnlich wie Herakles, der schon als Kleinkind Schlangen erdrückt haben soll, wird dem Apollon die Tötung des Drachens von Delphi bereits als Säugling zugeschrieben. Noch konstruierter klingt das angebliche Geburtstagsgeschenk der Orakelkönigin Phoibe (die Leuchtende), mit dem sie Apollon ihren Namen übergeben haben soll. Von da an herrscht Apollon als *Phoibos* über Delphi und wird als Gott der Weissagung, aber auch als Herr der Musen und der Kunst verehrt.

Im Gegensatz zur griechischen Mythologie, in der die Übergänge von einem älteren, zyklischen Weltbild zur dualistischen Trennung von Himmel und Erde noch nachvollziehbar sind, präsentiert sich das römische Pantheon als eindeutig patriarchaler Götterhimmel. Dies schließt die sexistischen Zuordnungen des Männlichen und des Weiblichen und deren Niederschlag in der patriarchalen Gesellschaftsstruktur ein.

Eigentlich ist dies nicht selbstverständlich, nachdem die Römer ihre bedeutendsten kulturellen Anregungen von den Etruskern übernommen haben. Darunter die Orakellehre der sibyllinischen Bücher und die Göttertrias *Jupiter, Minerva* und *Juno,* deren Vorbild in der etruskischen Triade von *Tinia, Menvra* und *Uni* zu sehen ist. Doch wurde die Erinnerung an das etruskische Kulturerbe bewusst getilgt, nicht zuletzt wegen seiner matrizentrischen Züge und der hohen Stellung der etruskischen Frau, die römische Schriftsteller als sittenlos beklagen.

Als neue Weltmacht setzten die Römer ihre Götter mit den griechischen gleich und verbanden Jupiter mit Zeus, die Göttin Minerva mit Athene und die Göttin Juno mit Hera. Auch den Göttern der eroberten Völker – wie Kelten und Germanen – stülpten sie die antiken Götternamen über und mit ihnen die strikt patriarchale Vorstellungswelt.

In Rom und den römischen Provinzen wurden die meisten Tempel für den römischen *Apollo* und den römischen *Herkules* erbaut. Apollo erscheint als der strahlende Führer des siegreichen Sonnenwagens und Herkules als der unbesiegbare Held und Vorkämpfer für die politischen Interessen Roms. Der politische Gebrauch der Religion manifestiert sich am deutlichsten im römischen Kaiserkult seit *Augustus* und in der Gleichsetzung der Göttin *Venus/Aphrodite* mit der Göttin *Roma.*

Schon bald aber wurden solche konstruierten Götterbilder durch eine Welle orientalischer Religionseinflüsse zurückgedrängt. Mit den so genannten Mysterienkulten wurden die Demeter-Dionysos-Mysterien, die Isis-Osiris-Verehrung oder der Kybele-Attis-Kult wiederentdeckt und neu belebt, wobei nun nicht mehr die allgemeine Wiedergeburt der Natur, sondern die persönliche Unsterblichkeit erwartet wird. Unter den römisch-hellenistischen Mysterien, zu denen nur Eingeweihte Zutritt hatten, nimmt der aus Persien stammende *Mithraskult* eine besondere Stellung ein. Im Gegensatz zu allen anderen Mysteriengemeinden, in denen

Frauen oft eine bedeutende Funktion innehatten, bestanden die Mithrasanhänger aus einem reinen Männerbund. Er traf sich in den so genannten Mithräen, die es in Rom und verstreut über alle römischen Provinzen zu Hunderten gab. Alle sind sehr ähnlich als halb unterirdische Steingewölbe gebaut, und auf der Stirnseite des Tonnengewölbes erscheint das Kultbild des Stiertöters Mithras. Davon sind über 600 in mehr oder weniger gutem Erhaltungszustand freigelegt worden.

»Mithra« hieß der altiranische Kriegs- und Sonnengott der arischen Eroberer (2. vorchristliches Jahrtausend), der bei allen Eiden und Verträgen angerufen wurde. *Zarathustra* (um 600 v. Chr.) versuchte, ihn durch den monotheistischen Lichtgott *Ahura Mazda* zu ersetzen, der alle Dämonen und mit ihnen das Böse besiegt. Zugleich wandte sich Zarathustra energisch gegen die blutigen Stieropfer im Namen der alten Kriegsgötter. Dennoch hielten sich der Name Mithra und die dazugehörigen Opfer noch bis in die römische Kaiserzeit, und kleinasiatische Könige nannten sich Mithradates, »Gabe des Mithras«.

Während der hellenistischen Zeit stand das Stieropfer mit der Verehrung eines sterbenden und auferstehenden Vegetationsgottes in Verbindung, wie es im römischen Attis-Kybele-Kult noch tatsächlich vollzogen wurde. Das so genannte »Taurobolium«, die Stierbluttaufe, diente als Initiationsritus für die Einzuweihenden. Da es Mithrasbilder gibt, bei denen aus der Halswunde des Stieres Ähren und Trauben wachsen, schimmert auch hier der alte Vegetationsmythos hindurch.

Die Abb. 23, siehe Farbtafel I, zeigt einen *Mithras* in wehendem Mantel, bestrahlt vom Sonnengott oben links. Hier ist er der große Lichtbringer, der das Dunkel und den Tod in Gestalt des Stiers überwindet. Dies symbolisieren auch die beiden Fackelträger am linken und rechten Bildrand, der eine mit aufrecht brennender Fackel, der andere mit erloschener, nach unten gehaltener Fackel. Nur die beiden Unterweltstiere, Hund und Schlange, die als kleine Figuren unten rechts am Blut der Halswunde lecken, erinnern an den Gedanken der Tod-Leben-Erneuerung.

Wahrscheinlich haben römische Besatzungssoldaten den Mithraskult aus den Ostprovinzen mitgebracht, wo die Gestalt des Mithras sich mit der des Helios und des Apollon verschmolzen hatte. Für die bunt zusammengewürfelten Legionssoldaten und ihre Offiziere bedeutete der Lichtheld Mithras gleichzeitig die Bestärkung ihres Kampfesmutes und die Hoffnung auf den Sieg über ihre Feinde. Auch das römische Staatspersonal gehörte zu den Eingeweihten, nicht zuletzt deshalb, weil der Mithraskult den Kaiserkult stützte. Den Titel des Mithras »sol invictus«, »unbesiegbare Sonne«, beanspruchte der Gottkaiser für sich selbst, und unter den Opfergaben in den Mithräen fand man auch Loyalitätsadressen an den Kaiser. Unter den Anhängern scheint es eine streng geregelte Hierarchie gegeben zu haben, an deren Spitze der »pater sacerdos« als oberster Priester stand. Die Tatsache, dass der Geheimbund auch freigelassenen Sklaven offen stand, bedeutete für diese den möglichen gesellschaftlichen Aufstieg.

Von den Kulthandlungen, deren Einzelheiten geheim gehalten wurden, ist das *Kultmahl* erwähnenswert, das man als irdischen Nachvollzug eines himmlischen Freudenmahls zu Ehren des zur Unsterblichkeit aufgestiegenen Sonnenhelden verstand. Es bestand aus Brot und Wein, in denen man die verwandelten Substanzen von Fleisch und Blut des geopferten Stiers sah, was schon an die christliche Eucharistie erinnert. Das kirchliche Dogma vom Abendmahl bzw. die Lehre von der Transsubstantiation entstand aufgrund der paulinischen Theologie und erhielt seine endgültige Fassung erst im Hochmittelalter. Dies hinderte die Kirchenväter nicht, dem schon Jahrhunderte vor Christus entstandenen Mithraskult die Nachäffung der christlichen Kommunion vorzuwerfen.

Zum Stier als Verkörperung des primitiv-Naturhaften, aber auch des Bösen, das es zu besiegen gilt, gibt es zwei Parallelen. Zum einen die schon erwähnte griechische Auffas-

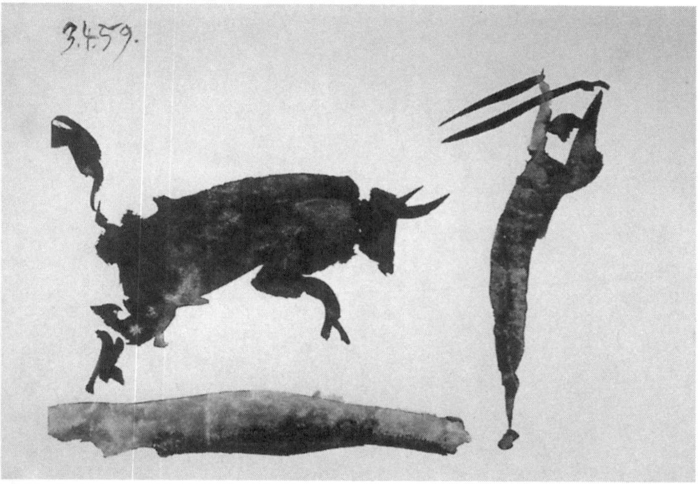

Abb. 24 Tuschzeichnung von Pablo Picasso: »Toros y Toreros«, 3. 4. 59
© Succession Picasso/VG Bild-Kunst, Bonn 2003

sung vom Minotauros, zum andern den altjüdischen Mythos vom Stierungeheuer *Behmot,* einem Landmonster als Pendant zum weiblich verstandenen Meeresdrachen Leviathan. Er soll in der Endzeit geschlachtet und den Gerechten als himmlische Speise vorgesetzt werden.

Im Vergleich zur Drachentötung bleibt die Stiertötung in Europa in ihrer moralischen Bewertung weniger klar. Im mediterranen Stierkampf hat sich immer eine Spur des Opfergedankens erhalten. Auch in seiner höfischen Verfeinerung in Spanien blieb er ein sakrales Spiel, und noch im 20. Jahrhundert segnete ein katholischer Priester den Beginn des Kampfes in der Arena. Der Torero tritt dem Stier in gewissem Sinn als Partner gegenüber und riskiert dabei auch die eigene Verletzung. Jedenfalls ist der Stier hier nicht das verachtete Untier, sondern wird mit größter Sorgfalt, ja Zuneigung aufgezogen. Dennoch versinnbildlicht der Stierkampf, wie ihn *Picasso* in seinen Bildern verherrlicht hat, den männlichen Sieg über die erdhafte Vitalität des Tieres (Abb. 24).

Abb. 25 Byzantinisches Mosaik aus Konstantinopel, 5. Jahrhundert

Die von Picasso als geradezu schmächtige, hochaufgerichtet gezeichnete Figur des Toreros kontrastiert mit der von einem festen Grund aus emporschnellenden Masse des Stiers. Er wird nicht durch Kraft, sondern durch Mut und geistige Überlegenheit besiegt. Dass aber dieses symbolische Ritual auch ein Ausdruck des spanischen Machismo ist, belegt die Tatsache, dass die erste, sehr erfolgreiche Stierkämpferin von ihren männlichen Kollegen mit Verachtung gestraft und regelrecht gemobbt wurde. Offensichtlich fühlen sich Männer in ihrem Identitätsbewusstsein beeinträchtigt, wenn auch Frauen ihren Mut und ihre Geistesgegenwart beweisen.

Doch zurück zum Drachenkampf aus antiker Sicht. Aus römischer Perspektive werden Kämpfer wie *Herkules* oder Lichthelden wie *Apoll* und *Mithras* viel stärker als politische denn als mythologische Symbole verstanden. In diesem Sinn wandelt sich auch der Adler als Himmelsbote und sakraler Begleiter des *Zeus* und des *Jupiter* zum patriarchalen Staatssymbol. Es gibt antike Darstellungen des Adlers, der das Blitzbündel oder den Donnerkeil des Hochgottes in seinen Krallen trägt. Als solcher verkörpert er den Kaiser und seine Siege. Daneben sehen wir den Adler im Kampf mit der Schlange, was ebenso eindeutig den Sieg des Guten über das Primitive und das Böse symbolisiert (Abb. 25). In der Vorstellung von Griechen und Römern waren ja alle fremden Völker Barbaren, die man zu Recht unterwarf.

Viele Jahrhunderte nach dem Sturz der Monarchie durch die französische Revolution greift die *republikanische Bewegung* in Europa auf altrömische Vorbilder zurück, um den Bürgern die republikanische Gesinnung und deren Tugenden nahezubringen. Dazu ruft man die heroischen Legenden in Erinnerung, mit denen römische Schriftsteller die vorkaiserliche Zeit als vorbildliche Staatsepoche idealisiert hatten. So setzt der Maler *Jacques-Louis David* im letzten Jahrzehnt des 18. Jahrhunderts den »Schwur der Horatier« ins Bild oder die Bewahrung der stoischen Ruhe durch Brutus, als man ihm die Leichen seiner Söhne bringt. Sein Schüler *Girodet* malt in ähnlich klassizistischem Stil die Szene, auf der Horatius seine Schwester Camilla tötet (Abb. 26).

Im Mittelpunkt des Bildes liegt Camilla entkräftet am Boden, umgeben von helfenden Frauen. Von rechts stürmt Horatius nach der Heimkehr aus gewonnener Schlacht mit erhobenem Schwert auf die Szene, gefolgt von seinen Soldaten. Der siegreiche Held ist im Begriff, seine Schwester zu töten, weil sie um ihren in der Schlacht gefallenen Verlobten weint. Diese Tat des Horatius, der die Vaterlandsliebe über alles stellt und die Trauer der Schwester als klägliches Versagen rächt, dient offenbar als Vorbild für aufrechte Staatsgesinnung.

Dass die Klage der Frauen die heldische Kriegsgesinnung stört, empfanden schon die Griechen. Die Mütter mussten zwar offiziell ihre Söhne beim Abschied zur Tapferkeit ermahnen, indem sie ihnen den Schild mit den Worten übergaben: »Kehre mit ihm oder auf ihm, aber niemals ohne ihn

Abb. 26 A. Louis Girodet (1767–1824),
Horatius tötet seine Schwester Camilla

zurück.« Wenn dann aber die Söhne in einem der vom Zaun gebrochenen Kriege zwischen den rivalisierenden Stadtstaaten fielen, war es den Müttern und anderen weiblichen Angehörigen untersagt, am ehrenvollen Begräbnis der Gefallenen teilzunehmen. Offenbar stellten ihre Tränen die eigene anerzogene Gefühlshärte in Frage. Dieser psychologische Hintergrund schimmert auch in Girodets Gemälde auf. Oben rechts stehen die gepanzerten Leiber der Krieger, wie wenn sie einen Schutzschild bilden müssten gegen die flehenden Gebärden der von links herbeieilenden Menschen und wohl auch gegen das eigene Mitgefühl des männlichen Helden.

Hier kündigt sich eine nationalistische Verherrlichung des Krieges an, die dann im Laufe des 19.und 20. Jahrhunderts ihren Höhepunkt erreichen sollte. Was aber die Unterdrückung von Gefühlen wie das Entsetzen angesichts der Gewalt oder das Mitgefühl mit den Opfern anbelangt, so bilden sich im zeitgenössischen Krieg mit seinem immer verheerenderen Zerstörungspotential viel raffiniertere Methoden der Verdrängung aus. Das beginnt bei der Sprachregelung, wenn im Kriegsvokabular von »Kollateralschäden« die Rede ist, um nicht von verletzten oder getöteten Zivilpersonen sprechen zu müssen. Zudem hat sich die alte heldische Opferbereitschaft der Kriegführenden in ihr Gegenteil verkehrt: Zur obersten Maxime wird, die Zahl der Opfer bei der eigenen Truppe so gering wie irgend möglich zu halten, während man bei den mit Massenvernichtungsmitteln vernichteten Feinden auch den Tod von Frauen und Kindern in Kauf nimmt. Dies führt die traditionelle Kriegsdoktrin, wonach der bewaffnete Kampf den Schutz von Frauen und Kindern zum Ziel hat, vollends ad absurdum.

Die christlichen Versionen des Drachentöters

Der christliche Heilige *Michael* trägt den Namen des jüdischen Erzengels, doch hat er sich im Laufe seiner Christianisierung sehr viel komplexere spirituelle Bedeutungen angeeignet. In der Tradition der hebräischen Bibel und der rabbinischen Schriften war er der Bote Jahwes und der Verkünder des göttlichen Richterspruchs und als solcher der Bewahrer der himmlischen Schlüssel. Er galt aber auch als der Hauptgegner des *Satans*, den man einerseits mit der Schlange im Paradies identifizierte, andererseits mit dem gestürzten Engel Luzifer. Eine spätere Vorstellung verbindet den Satan mit dem »Fürsten der Finsternis« und dessen Gestalt als Chaosdrache. In der christlichen Welt des Mittelalters nimmt der Teufel dann die bocksbeinige Gestalt des Dionysos als Symbol der sexuellen Verführung an. Alles in allem wird Satan oder Diabolos zum Inbegriff des Bösen und des Chaotischen, aber auch zum Versucher der Menschen zur Sünde gegen Gott.

Der historische Ursprung der christlichen Michaelsverehrung ist äußerst verwickelt. Erste Belege reichen bis ins 3. Jahrhundert zurück, in welchem es in Chomae/Kleinasien eine Erscheinung des heiligen Michael gegeben haben soll. Sein Zentralheiligtum entstand im 4. Jahrhundert auf dem Monte Gargone in Süditalien, nachdem *Kaiser Konstantin* ein Michaelion in Konstantinopel gegründet und St. Michael als Schutzengel über das römische Reich ausgerufen hatte. Eine Höhle auf dem Monte Gargone war schon lange vorher als heidnische Orakelhöhle benutzt worden, ehe man St. Michael zum Schutzherrn der Höhle erklärte. Er scheint dabei die Rolle des Totenbegleiters und Seelenführers *Hermes* übernommen zu haben, denn Höhlen galten in der Antike als Eingänge zur Unterwelt. Darauf deutet der Name einer französischen Kirche im Departement Vendée hin, die wie viele andere Michaelskirchen bis hinauf nach Cornwall auf heidnischen Höhlenheiligtümern erbaut wurde. Ihr Name lautet »St. Michael-Mont Mercur«, wobei der römische Merkur dem griechischen Hermes entspricht. Der christlich verstandene Grundgedanke war jedenfalls, dass St. Michael die Seelen der Gläubigen retten und aus der Dunkelheit zum Licht führen würde.

Karl der Große, der sich als Nachfolger der römischen Kaiser verstand, ließ 813 den kirchlichen Feiertag des Heiligen durch die Vermittlung des Papstes zum Reichsfest erheben, und Otto I. gründete im 10. Jahrhundert ein Benediktinerkloster auf dem »Michaelsberg« nahe bei Bamberg. Dies dokumentiert die enge Verbindung zwischen religiöser und staatlicher Bedeutung in der Michaelsverehrung.

Eine der ersten Darstellungen St. Michaels als Drachentöter entstand in S. Pietro, Spoleto, aus der Hand langobardischer Künstler während der Regierungszeit Karls des Großen (Abb. 27). Der mit mächtigen Adlerflügeln versehene Engel stößt seine Lanze in das Maul des Schlangendrachens, ohne ihn anzublicken (wie einst Perseus, als er der Medusa das Haupt abtrennte!).

Auf Abb. 28 folgt der bekannte Kupferstich von *Martin Schongauer* aus dem 15. Jahrhundert. Der nun deutlich mit dem Kreuz als christlicher Heiliger Gekennzeichnete tritt auf ein merkwürdiges Drachenwesen, eine Art gehörnte Schlange mit Raubtierkrallen und Krebs- oder Skorpionscheren. Der menschenähnliche rechte Arm des Ungeheuers greift abwehrend nach der Lanze, die ihm der Engel in den Rachen stößt. Die mächtig geschwungenen Adlerflügel des Engels werden durch den weit ausladenden Mantel verstärkt und zeichnen ihn als Geistwesen gegenüber dem tierischen Gewürm aus.

Die häufigste künstlerische Darstellung erfährt St. Michael auf den großen Bilderzyklen des Jüngsten Gerichts, wo er

Abb. 27 Langobardisches Steinrelief, S. Pietro, Spoleto, Ende 8. Jahrhundert

den Richterspruch Christi über die aus den Gräbern Auferstandenen vollzieht. Auf Abb. 29/30 (siehe Farbtafel II) sehen wir einen Ausschnitt aus dem Gemälde von *Jan van Eyck* (1390–1441), auf dem Michael in der Bildmitte mit gezücktem Schwert steht. Über ihm (hier nicht sichtbar) thront der auferstandene Gekreuzigte mit dem Chor der Heiligen, unter ihm steht der Tod als Herr über den Höllenschlund.

Links und rechts des in prächtiger Ritterrüstung erscheinenden Erzengels erheben sich die Toten aus ihren Gräbern und die Ertrunkenen aus dem Meer, doch steht hier nicht die Himmelfahrt der Seligen im Vordergrund, sondern die Höllenfahrt der Sündigen. Von den mächtigen Adlerschwingen Michaels gehen zwei pfeilartige Spruchlinien aus mit den Worten: »Ite vos maledicti in ignem eternum«, »Geht von mir, ihr Verfluchten in das ewige Feuer«, und »Chaos magnum, umbra morti«, »Chaos, Todesschatten«.

Es ist unschwer, sich auszumalen, welche Schrecken von solchen Höllenbildern auf die Gläubigen ausgingen, wenn – wie auf diesem Beispiel – gefallene Menschen aus allen

Abb. 28 Erzengel Michael, Kupferstich von Martin Schongauer, 15. Jahrhundert

Schichten in den Mäulern schrecklicher Drachenwesen gepeinigt werden. Die Details dieser makabren Phantasie erinnern schon an *Hieronymus Bosch* (1450–1516), wobei nicht uninteressant ist, dass der gestrenge spanische König *Philipp II.* den letzteren hoch schätzte und einen Teil seiner Privatgemächer im Escorial von ihm ausgestalten ließ.

Beinahe noch erschreckender ist das hochbarocke Gemälde des italienischen Meisters *Luca Giordano* mit dem Titel *»Miles Christianus«*, christlicher Soldat (Abb. 31, Farbtafel III). Auf diesem Gemälde trennt schon der Farbkontrast das Reich des Lichts vom Reich der Finsternis. Oben erscheint der strahlend blonde Engel mit weichen, adonishaften Zügen, wie er mit scheinbar eleganter Geste den unter ihm qualvoll aufschreienden Satan ersticht. Dieser wird als ganz gewöhnlicher, dunkelhaariger Mensch wiedergegeben, der nur noch durch die Schlange an seinem Unterkörper und am Arm seines Leidensgenossens an einen Drachen erinnert. Unwillkürlich steigen die Bilder der grausamen Eroberung und Missionierung kolonialisierter Völker auf, die zur Entstehungszeit des Gemäldes in vollem Gang war.

Ein Jahrhundert früher malte *Lukas Cranach der Ältere* den wiederkommenden Christus in der Pose des Erzengels, nur dass nicht eine Lanze, sondern ein Lichtstrahl den Satansdrachen durchbohrt. Auch dieser greift noch nach dem Bein des Weltenrichters, während der andere Fuß der Christusfigur auf dem am Boden liegenden Totengerippe steht. Rechts oben dokumentiert ein vom Grabe Auferstandener die Szene als das jüngste Gericht, durch welches Sünde und Tod für immer besiegt sind (Abb. 32, siehe Farbtafel IV).

Zweifellos war dieses symbolträchtige Bild als hoffnungsvoller Zuspruch an die Gläubigen gedacht, aber rückblickend löst es auch schwerwiegende Irritationen aus. Ist dies der Jesus von Nazareth, der seinen Jüngern befahl, das Schwert in die Scheide zu stecken? Und welche Wende hat der Glaube an das Endgericht genommen, seit sich die Vision Jesu, kurz vor dem Ende der Zeit zu stehen, nicht erfüllt hat?

Parallel zum eschatologischen Aspekt verkünden die michaelischen Bilder den fortwährenden historischen Kampf des Guten gegen das Böse, was immer auch den Krieg der Gläubigen gegen die Ungläubigen bedeutet. Aber selbst ohne Waffen gibt es einen geistigen Bannstrahl, der nicht weniger tödlich ist, wenn er messerscharf den Weizen vom Unkraut trennt, entgegen der Weisung Jesu, dies gerade nicht zu tun.

Vor dem Hintergrund der Figur des Hl. Michael als Scharfrichter Gottes ist die im ganzen Mittelalter von Kirche und Staat anerkannte und in großem Ausmaß vollzogene *Todesstrafe* zu sehen. Die geistige Führung der Kirche und ihr weltlicher Arm fühlten sich als Vollstrecker eines göttlichen Gerichts an denjenigen, die sich gegen die Gebote Gottes vergangen hatten. Erst als Folge der laizistischen Staatsidee wurde in Europa aus humanitären Gründen und aus der Einsicht, dass die Abschreckung ihr Ziel verfehlte, die Todesstrafe nach und nach abgeschafft. Nicht so in den USA, wo es die religiös-konservativen Kreise sind, die hartnäckig an der Todesstrafe festhalten.

Noch bedenklicher ist die Tatsache, dass in einigen Gegenden der christlichen Welt noch im 18. Jahrhundert *Hexenprozesse* stattfanden. Dies aus dem traditionellen Sündenverständnis heraus, dass Frauen den Versuchungen des Teufels besonders offen stehen. Dabei war die paradoxe Begründung für die grausamen Hinrichtungen die theologische Spekulation, den Leib der Hexen den Flammen preiszugeben, um ihre Seele vor der ewigen Verdammnis zu retten.

Es ist aber zu sagen, dass längst vor der Christianisierung der patriarchale Staat die Todesstrafe als Fundament seines Gewaltmonopols einführte. Damit hat er, wie noch an den Hinrichtungsarten abzulesen ist, das sakrale Menschenopfer abgelöst. Bevor die Römer ihre Untertanen kreuzigten, ließen sich bei den Indoeuropäern Einzelne als Opfer an heilige Bäume heften oder Jahreskönige ertränken und verbrennen. Selbst der verschärften Todesstrafe, dem Vierteilen, geht der archaische Brauch voraus, Menschenopfer zu zerstückeln und auf die Äcker zu streuen, um damit die Fruchtbarkeit zu mehren. Ohne diese untergründigen Zusammenhänge wäre es nicht begreiflich, dass die Menschen des Mittelalters zu den Richtstätten strömten und ihre Kinder mit Blick auf den Galgen hochhielten, oder davon überzeugt waren, dass unter den Gehängten die heilkräftige Alraune wächst.

Vom 12. Jahrhundert an tritt an die Seite und oft auch an die Stelle des Erzengels Michael der *Heilige Ritter Georg* als Drachentöter. Ein Heiliger dieses Namens wurde schon im vierten Jahrhundert in Syrien und Äthiopien verehrt, doch ist unsicher, ob der christliche Märtyrer unter *Kaiser Diokletian* (284–313), auf den seine Verehrung zurückgehen soll, wirklich diesen Namen trug. Laut der im 13. Jahrhundert aufgezeichneten *Legenda aurea* war Georg Offizier und stammte aus einer vornehmen Familie in Kappadokien. Er trat zum christlichen Glauben über und wurde, weil er die heidnischen Götter als Dämonen beschimpfte, nach grausamsten Folterungen hingerichtet.

Der Name *»Georg«* bedeutet im Griechischen »Bauer« und weist damit auf viel ältere sakrale Vorstellungen zurück, die mit Vegetation und Fruchtbarkeit zu tun haben. Dieser Zusammenhang hat sich im Volksbrauchtum und seinen Festlichkeiten für den *»Grünen Georg«* bewahrt. In Bayern finden noch heute die Umritte auf braunen Pferden, der Farbe des Ackers, zu Ehren des heiligen Georg statt. So liegt es nahe, anzunehmen, dass die frühchristlichen Georgskirchen über älteren heidnischen Stätten erbaut wurden, wie das unter dem Patronat anderer Heiliger ebenfalls geschah. Seine zentrale Bedeutung erhielt der Hl. Ritter Georg erst mit der so genannten Reconquista in Spanien, dem Kampf der christlichen Heere gegen die muslimischen Mauren und wenig später gegen die muslimischen Araber im Heiligen Land. Nun wurden die Reliquien St. Georgs aus dem Osten nach Westeuropa gebracht, und von da an war er das Vorbild aller europäischen Kreuzfahrer. In Ritterrüstung hoch zu Ross trägt er die Fahne mit rotem Kreuz auf weißem Feld, und mit diesem Zeichen auf ihren Mänteln ziehen die Kämpfer Christi mit dem Schlachtruf »Gott will es« gegen die heidnischen Feinde (Abb. 33).

Das Charakteristische an der Komposition auf Abb. 34 (siehe Farbtafel V) ist das mächtige weiße Pferd mit kostbarem Zaumzeug, das mit der schwarzen Höhle kontrastiert, aus welcher der Drache hervorkriecht. Außergewöhnlich sind die Hand Gottes am rechten oberen Bildrand und die von dort aus herabfallende goldene Schnur, welche die Lanze des Ritters kreuzt. Mit dieser göttlichen Führung durchstößt

Abb. 33
St. Georg, Altarbild in Freising/
Bauern um 1680

St. Georg scheinbar mühelos den Kopf der Schlange, die hier mit Fledermausflügeln erscheint.

Am Beispiel der kirchlichen Georgsverehrung wird aber auch die zentrale Stellung des Martyriums deutlich, wenn in der bildlichen Darstellung seiner Legende auf Altären die Marterpraktiken in allen Versionen und Details gezeigt werden. Dies gilt auch für zahlreiche andere Heilige, sodass geradezu von einer Besessenheit des Martyriumsgedankens im Mittelalter und in der Barockkunst zu sprechen ist. Wenn es auch vordergründig um die durch göttliche Gnade verliehene Standhaftigkeit der Märtyrer geht, so werden gleichzeitig der Sadismus der Herrschenden und die Rohheit der Folterknechte thematisiert: Bilder, die unvermeidlich Rache- und Gewaltphantasien provozieren und letztlich auch die Folterer rechtfertigen, ohne die die Glorie der Heiligen nicht so hell erstrahlen würde.

Das Motiv der Drachentötung als solches stammt von einem viel älteren Legendenstrang, der bis heute in zahllosen Märchen weiterlebt. Die Legenda aurea des Heiligen Georg berichtet von einer Begebenheit in der römischen Provinz Libyen, wo ein riesiger Drache in einem See, so groß wie ein Meer, gehaust haben soll. Er bedrohte Vieh und Menschen und erpresste ein tägliches Tier- oder Menschenopfer. Eines Tages war die Reihe an der Königstochter mit Namen *Marina,* und der König bot demjenigen, der den Drachen überwältigen würde, alle seine Güter an. Georg vollbrachte die Heldentat, nahm aber kein Geld, sondern bewog den Kaiser, sich taufen zu lassen, und mit ihm traten Tausende zum christlichen Glauben über. Auch heiratete er nicht, wie sonst im Märchen üblich, die Prinzessin, sondern machte sie zur Mitstreiterin für den Glauben. Ein Detail des Berichts, wonach der König eine große Kirche bauen ließ, aus deren Altar eine heilkräftige Quelle entsprang, lässt auf ein bereits bestehendes heidnisches Quellenheiligtum schließen.

Auch ist die Geschichte vom Drachentöter, der durch seine mutige Tat eine Jungfrau aus den Fängen des Untiers befreit, uralt. Schon die griechischen Heldensagen erzählen von *Perseus,* er habe die an einen Felsen gekettete *Andromeda* befreit und sie damit von ihrem Schicksal, von einem Drachen gefressen zu werden, erlöst. Perseus nahm Andromeda zur Frau, und beide stehen für immer als Sternbilder am Himmel. Auf die psychologischen Hintergründe einer solchen Befreiungstat wird gleich noch zurückzukommen sein.

Im ausgehenden Mittelalter nehmen die Michaelsdarstellungen ab und die Georgsbilder immer mehr zu. Die Gemälde des drachentötenden Ritters schmücken Hunderte von Altären in ganz Europa und haben, im Stil des Barock und Rokoko, in zahllosen Landkirchen ihren Platz bis heute behauptet.

Bekanntlich hat auch *Albrecht Dürer* dem Ritter Georg auf einem seiner Holzschnitte ein Denkmal gesetzt (Abb. 35).

Am Boden vor dem geflügelten Lindwurm liegen Totengebeine, und vor düsterem Hintergrund stürmt das weiße Ross über das Untier hinweg. Dagegen hält der Ritter seine tödliche Lanze in ruhiger Hand, während sein Fuß im Steigbügel auf der Bestie steht und sein Blick wie traumverloren in die Ferne gerichtet ist. Links oben erscheint die Prinzessin nur als kleine Nebenfigur. Im Zentrum steht der tapfere Ritter in gelassener Haltung, wie sie Dürer in seinem noch bekannteren Werk »Ritter, Tod und Teufel« gestaltete (Abb. 36).

Dürers Kupferstich reflektiert das Lebensgefühl einer bereits im Abstieg befindlichen europäischen Elite. Hoch oben ist eine Ritterburg zu erkennen, darunter ein dunkler Wald, durch den der Ritter reitet: vorüber an der Fratze des Todes auf seiner Mähre, hinter sich den eberköpfigen Teufel mit Pferdefuß. Todesverachtend würdigt der edle Ritter die drohenden Gestalten keines Blickes und zieht unbeirrt seines Weges.

Eine in jeder Hinsicht außergewöhnliche Darstellung des ritterlichen Drachentöters finden wir auf einem Gemälde

Abb. 35 Albrecht Dürer, St. Georg, Holzschnitt 1502/03

Abb. 36 Albrecht Dürer, Ritter, Tod und Teufel, Kupferstich 1513

des italienischen Malers *Paolo Ucello* auf Abb. 37, Farbtafel VI.

Schon auf den ersten Blick wirkt dieses Bild in seiner formalen und farblichen Gestaltung für seine Entstehungszeit Anfang des 15. Jahrhunderts verblüffend modern. Der riesige Drache mit seinen Fledermausflügeln in der Mitte wird links von einer vornehm wirkenden Dame und rechts vom herbeistürmenden St. Georg flankiert. Beide Figuren, die je auf ihre Art über das Ungeheuer triumphieren, treten als einander ebenbürtig auf, wobei die weiße Büste und die weißen Hände der Dame mit dem Weiß des Schimmels korrespondieren.

Vermutlich knüpft Ucello an die Legende der *Hl. Martha* an, wenn er den Drachen von der Jungfrau an einem feinen Band führen lässt. Nach der *Legenda aurea* handelt es sich bei dieser Figur um die aus der Bibel bekannte Martha, die Gastgeberin Jesu. Sie soll nach dessen Tod auf wunderbare Weise auf einem steuerlosen Schiff in Marseille gelandet sein und dort viele Menschen zum christlichen Glauben bekehrt haben. Damals trieb im Rhonetal ein schrecklicher Drache sein Unwesen, indem er alle, die den Fluss überqueren wollten, und alle Schiffe, die auf ihm fuhren, verschlang. Sein Name war *Tarasconus,* und die Sage ging, er sei ein Nachfahre des Leviathan und übers Meer aus Kleinasien gekommen. Nun bat das Volk die heilige Martha, ihm gegen den Drachen beizustehen, und sie suchte und fand das Monster in einem Waldstück. Wie durch ein Wunder konnte sie den Drachen zähmen, indem sie ihm das Kreuz entgegenhielt und ihn mit Weihwasser besprengte. Daraufhin ließ er sich mit dem Gürtel Marthas binden und dem Volk übergeben, das ihn tötete. Zur Erinnerung nannte man die später an dieser Stelle erbaute Stadt »Tarascon«.

Offenbar verbindet Ucello auf seinem Gemälde diese Erzählung mit der Legende von Georg und Marina, wenn er den Drachen am Lanzenstich des Ritters verbluten lässt. Auffallend an dieser Darstellung ist das räumliche Zusammenrücken von Jungfrau und Drache, die beide vor der riesigen schwarzen Öffnung einer bizarren Berghöhle stehen, während über einem dunklen Wolkengebirge hinter St. Georg die Sonne durchschimmert.

Die psychologische Deutung der Erlösungsfunktion des Ritters ist ebenso umstritten wie das Motiv der drachenzähmenden Jungfrau, doch scheinen sie aus ganz verschiedenen Mythenschichten zu stammen. Dabei stellt die nahe Verbindung zwischen Jungfrau und Drache vermutlich die ältere Schicht dar, während das männliche Heldenmotiv, die junge Frau aus den Fängen des Drachen zu retten, jüngeren Datums ist. Offensichtlich steht das Letztere im Widerspruch zur weiblichen Symbolik, wonach die Frau mit ihrer erotischen Kraft (Gürtel!) die kosmischen Mächte zusammenhält und besänftigt. Das Heldenmotiv lässt sich sowohl auf der ideologischen als auch auf der tiefenpsychologischen Ebene interpretieren. Ideologiegeschichtlich symbolisiert die Drachentötung die Ablösung eines matrizentrischen Welt- und Menschenbildes durch patriarchale Herrschaft. Biographisch-psychoanalytisch gesehen steht der weibliche Drache mit einer starken Mutterbindung im Zusammenhang, die das autonome Ich gefangen hält, und zwar bei beiden Geschlechtern. Die junge Frau muss, um erwachsen zu werden, sich der eigenständigen Begegnung mit dem Männlichen stellen. Der junge Mann hat seinerseits mit dem Schatten der eigenen Mutterbindung zu kämpfen, den er auf die ihm begegnenden Frauen projiziert. In der Sprache der analytischen Psychologie Jungs muss sich die Anima als selbsttragende Figur aus der unbewussten Verschmelzung mit dem großen Weiblichen der Mutter lösen. Der männliche Kampf um Autonomie erhält allerdings einen patriarchalen Akzent, wenn der Held als Befreier der hilflosen Jungfrau auftritt, die sich aus Dankbarkeit an ihren Ehemann anschmiegt. Damit begibt er sich als Mann der eigenständigen Begegnung mit der Frau und projiziert seine weiblichen Seelenanteile auf die Partnerin als sein Ergänzungsmodell.

In jedem Fall hat der Drachenkampf mit dem Geschlechterkampf zu tun, der nur die andere Seite der dualistischen Weltsicht mit ihrer Trennung zwischen dem Geistigen und dem Leiblichen darstellt.

Dass das Drachensymbol auch im alten Europa ursprünglich nicht negativ als Sinnbild des Bösen stigmatisiert war, dafür spricht die Gestalt der Heiligen Margaretha. Sie soll zwar eine christliche Märtyrerin aus Antiochia gewesen sein, die mit dem Tod büßte, weil sie die Zwangsheirat mit einem ungläubigen Mann zurückwies. In Mitteleuropa wurde sie aber als eine der Drei Heiligen Jungfrauen, zusammen mit der Heiligen Barbara und der Heiligen Katharina, verehrt. Es ist nachweisbar, dass es sich dabei um die Christianisierung einer viel älteren Göttinnen-Trinität handelt (E. Kutter 1977). Auf die Heilige Margaretha bezogen legen dafür das rhätoromanische Liedgut (Sontga Margarita) und Beispiele der Volkskunst in Graubünden/ Schweiz Zeugnis ab. So hält auf Abb. 38 (Farbtafel VII) die Heilige Margaretha den Drachen wie ein vertrautes Wesen auf ihren Armen.

Das Tafelbild der Heiligen Margaretha bildet die rechte Seite eines spätgotischen Flügelaltars, dessen zentrales Feld als Halbrelief mit der Gottesmutter Maria, flankiert von Maria Magdalena und der Hl. Katharina, gestaltet ist. Als Pendant zur Heiligen Margaretha gibt das linke Tafelbild die Heilige Barbara wieder. Die Heiligen Jungfrauen tragen so genannte Jungfrauenkronen, die mit der Krone der Madonna nahezu identisch sind. Schon dieser Umstand hebt den Rang der drei Frauen hervor. Wie Christophorus zählen sie zu den 14 Nothelfern, von denen uns die Heilige Margaretha besonders interessiert.

Auf Abb. 38 (Farbtafel VII) hält die bekrönte Margaretha in der Rechten einen Stab mit Kreuz und trägt auf dem linken Arm unter ihrem Mantel eine Drachenschlange. Diese Darstellung unterscheidet sich wesentlich von der Szene, die uns die Legenda aurea von der Hl. Margaretha aus Antiochia schildert. Ihr zufolge war der Märtyrerin im Kerker der Teufel als Versucher in Drachengestalt erschienen, den sie mit dem Kreuzzeichen niederkämpfte und mit Füßen auf ihn trat.

Auf unserem Bild hingegen besteht eine friedliche Balance zwischen Margaretha und dem Drachen. Sie hält ihn beinahe wie ein Kind in den Armen, wobei schon die Farbähnlichkeit zwischen dem Tier und ihrem Mantel auf die Affinität der beiden Wesen hindeutet. Die ganze Bildkomposition spricht für das Einvernehmen mit der Natur und deren Heilkräften, was an die »Grünkraft« erinnert, von der die Heilige Hildegard von Bingen sprach. Auch windet sich der Schlangenschwanz um den Kreuzesstab ähnlich wie die Schlange um den Aeskulapstab, der bis heute das Heilszeichen unserer Apotheken ist.

Eigenartigerweise wird vom Martyrium der Heiligen Margaretha berichtet, dass sie als letzten Wunsch Gott anrief, den Müttern zu einer glücklichen Geburt zu verhelfen, wenn sie zu ihr, der Märtyrerin, beten. Diese Verheißung scheint viel besser zu einer der alten Muttergöttinnen zu passen als zur Jungfrau aus Antiochia, die so beharrlich die Ehe verweigerte.

Zum positiven Aspekt des Schlangendrachens gehören die vielen Drachenmotive auf den Sgrafitti der alten Bündnerhäuser und auf Stickereien.

Abb. 39 zeigt eine traditionelle Stickerei aus Graubünden mit dem Motiv des Drachens als Beschützer des Lebensbaumes. Dieses Motiv lag ursprünglich wohl auch dem Bild vom Paradiesesbaum und der Schlange zugrunde. In ganz Palästina galt ja die Schlange als Lebens- und Heilszeichen, bevor sie die jüdische Lehre mit dem Teufel assoziierte. Zum Teil hat die ältere Symbolik noch in der *Marienverehrung* überlebt, wenn Maria mit der *Sophia* identifiziert wird. Auf Abb. 40 sehen wir den Sitz der Weisheit mit Spiegel und Schlange als marianische Symbole. Offenbar verträgt sich hier das Buch der Weisheit mit dem Spiegel der prophetischen Gottesschau und der Schlange als Symbol von Heilkraft und Lebenserneuerung.

Abb. 39
Drache und Lebensbaum, Motiv auf Handarbeit

Abb. 40
Sitz der Weisheit,
Deckenbild der
Wallfahrtskirche
Mariazell
b. Sursee/Schweiz,
18. Jahrhundert(?)
1851 erneuert

Die nationale Vereinnahmung des Drachenkampf-Motivs

Mit der Kaiserkrönung *Karls des Großen* im Jahr 800 in Rom war der Grundstein zum ersten europäischen Imperium gelegt, das mit der Bezeichnung »Heiliges Römisches Reich deutscher Nation« bewusst an das antike Vorbild anknüpfte. Gleichzeitig übernahm der deutsche Kaiser das Erbe des oströmischen Herrschers Konstantin, indem er die weltliche Führung der Christenheit für sich beanspruchte. Während der nächsten tausend Jahre nannten europäische Kaiser und Könige ihre Herrschaft »von Gottes Gnaden«. Im Zusammenhang damit steht die schon erwähnte Ernennung des *Heiligen Michael* zum Nationalheiligen der deutschen Nation. Diese enge Verquickung zwischen weltlichem und geistlichem Herrschaftsanspruch schuf von Beginn an die Voraussetzung für den Kampf gegen die Heiden und für die späteren Kreuzzüge.

Auch der *Adler* als Wappentier so vieler Herrschergeschlechter war ursprünglich mit dem religiös motivierten Drachenkampf assoziiert. Dies zeigt uns ein Medaillon aus dem Besitz des Staufferkaisers *Friedrich II.*, wenn darauf der Kaiseradler eine Schlange mit ihren Krallen zertritt (Abb. 41).

Hier geht das Symbol des Geistadlers, der im Kampf für das Gute die dämonische Gestalt der Chaosschlange tötet, nahtlos in das Wahrzeichen imperialer Macht über und gibt damit der Herrschaft über andere Völker, besonders über die Heiden, ihre sakrale Weihe.

Wenn vom 12. Jahrhundert an die Leitfigur des *Heiligen Georg* diejenige des Heiligen Michael übernimmt, so symbolisiert er mit seiner Ritterrüstung eindeutig den weltlichen Arm der geistigen Gewalt. 1348 gründete Eduard II. seine berühmte ritterliche Ordensgemeinschaft unter dem

Abb. 41 Adler-Kamée um 1250 aus dem süditalienischen Besitz Friedrich II.

Patronat St. Georgs. Bekannt ist sie vor allem durch den »Hosenbandorden« als Teil der Ordenstracht, einem blauen Knieband mit dem Georgsanhänger, das man zusammen mit einem purpurnen Mantel und einem Georgsmedaillon als Halskette trug. Mitglieder dieses nobelsten aller Ritterorden waren nur eine kleine Schar Adeliger, die der englische König eigenhändig im Namen St. Georgs zum Ritter schlug. Abb. 42 und 43 geben zwei dieser Auszeichnungen wieder.

Abb. 42 Hosenbandorden aus dem 18. Jahrhundert mit dem roten Kreuz auf weißem Grund und der Umschrift: »Honi soi qui mal y pense«

Die ursprüngliche Bedeutung des etwas rätselhaften Spruchs auf dem Hosenbandorden soll übersetzbar sein mit »Böses dem, der Böses denkt« (Sanct Georg 2001, S.217). Was auch immer hinter dieser Losung steht, so klingt sie jedenfalls nicht sehr christlich.

Die Medaille auf Abb. 43 zeigt die klassische Darstellung des Ritters Georg als Drachentöter. Ob *Karl XI.* als absolutistischer Herrscher Schwedens wirklich dem »Wohle der Völker« gerecht wurde, ist allerdings zweifelhaft. Das Groteske an der nationalen Vereinnahmung religiöser Vorbilder ist ja die Tatsache, dass die europäischen Nationalstaaten bis und

Abb. 43 Georgsmedaille für Karl XI. von Schweden 1671 mit der Aufschrift »Salus Populorum«

mit dem Ersten Weltkrieg ihre gegenseitigen Kriege unter dem Schutz des gleichen Heiligen antraten. Neben den englischen Königen gründeten auch die russischen Zaren, deutsche Fürsten, italienische, österreichische und ungarische Herrscher eigene Georgsvereinigungen und verteilten Georgsorden an ihre tapferen oder zumindest loyalen Untertanen.

Eine Renaissance erfuhr die Idee des Heiligen Krieges zur Zeit der romantischen Bewegung in Europa, besonders in Deutschland, als man historische Heldenfiguren zur Befestigung der nationalen Identität erneut beschwor. Ein Beispiel dafür liefert der Bildzyklus für Karl den Großen im Aachener Rathaus, der unter anderem auch den Kampf des deutschen Kaisers gegen die Mauren (Sarazenen) auf einem hochdramatischen Gemälde festhält (Abb. 44, Farbtafel VIII).

Die angeblich historische Darstellung gibt die Fakten nicht korrekt wieder, sondern schließt sich an die Rolandssage an. Karl der Große war an der Schlacht von Cordoba nicht beteiligt, sondern zog sich auf seinem Feldzug nach Nordspanien bald wieder zurück.

Das Gemälde *Rethels,* das noch von den Kunstkritikern des 20. Jahrhunderts hoch geschätzt war, kann als ein Höhepunkt von nationalistischer und fundamentalistischer Gesinnung gelten. Der in gotisierender Form gehaltene Bildausschnitt gliedert sich in zwei gegeneinander gerichtete Hälften: Die rechte Seite zeigt den Sturz des *Kalifen von Cordoba,* während die linke *Karl den Großen* als den siegreichen Helden der Schlacht in den Vordergrund rückt. Auf dem von vier Stieren gezogenen Wagen des Sultans wächst aus dem Arm eines Mohren die teuflische Gestalt eines Todesengels heraus, der mit grässlicher Fratze die Bedrohung durch die Ungläubigen symbolisiert. Der Sultan selbst umklammert in verzweifelter Pose den Stumpf seiner Fahnenstange, die Karl der Große ihm entzweischlug.

Die ganze rechte Bildhälfte zeugt von einem ignoranten Rassismus, wenn auf ihr der – in Wirklichkeit hochkultivierte – Sultan als halbnackter Wilder auf primitivem Gefährt erscheint, während der christliche Kaiser in vollem Ornat auf edlem Pferd reitet. Wie Michael oder St. Georg schwingt er sein Schwert gegen die heidnischen Barbaren, wobei hinter ihm die Georgsfahne sichtbar wird und der christliche Bischof das Kreuz hoch emporhält.

Große Schlachtenbilder gab es allerdings schon seit der Renaissance aus der Hand großer Meister wie das der Alexanderschlacht von A. Altdorfer (1529) und die anderer historischer Schlachten von Michelangelo und Leonardo da Vinci. Spiegelten diese das neue Machtbewusstsein der Renaissancefürsten, so die späteren barocken Schlachtenbilder

Abb. 45 Siegfried, der Drachentöter. Illustration aus den Volksbüchern von Gustav Schwab, 1836

das der absoluten Monarchie bis hin zur Verklärung des Feldherrn und Kaisers Napoleon.

Erst die Romantik verbindet die Gewaltverherrlichung mit ethnisch-nationalistischen Ideologien. In den gleichen romantischen Kontext gehört die Wiederbelebung der germanischen Heldensagen. Abb. 45 ist den illustrierten deutschen Volksbüchern von *Gustav Schwab* entnommen.

Die jünglingshafte *Siegfried*-Figur mit dem weitausholenden Schwert und dem wehenden Mantel reiht sich in die viertausendjährige Geschichte des Drachentöters ein. In der Siegfriedsage mischen sich alte mythische Elemente mit dem Ehrenkodex germanischer Fürsten im Nibelungenlied. Zum einen klingt der kosmische Kampf des Sonnengottes Baldur gegen die Midgardschlange als Sinnbild der verschlingenden Finsternis an. Zum anderen steht Siegfried für die »Nibelungentreue« und den Glauben an das siegreiche, eigene Volk. In diesem zweiten Sinn fanden die Deutschnationalen schon vor dem Nationalsozialismus in Siegfried ihre Identitätsfigur.

Weniger bekannt ist, dass sich der »Mythos des 20. Jahrhunderts« auch der religiösen Tradition und der christlichen Heiligen bediente. So schrieb der junge *Josef Goebbels* noch vor der Machtergreifung Hitlers einen autobiographischen Roman mit dem Titel »Michael« (1929). Darin identifiziert sich Goebbels mit einem Studenten namens Michael, dem er das ganze Arsenal seiner Judenhetze in den Mund legt. Mit Hilfe der Bilder aus der Apokalypse des Johannes bezeichnet er »den« Juden als Antichrist und Weltfeind, dem das deutsche Volk »den Dolch mitten ins Herz stoßen« soll. Im Sinn einer göttlichen Berufung würden die Deutschen mit ihrem Kampf gegen das Böse »ein Stück Erlösung« sein für »ein Reich, das kommt«. Später interpretiert Goebbels Hitler als gottgesandtes Genie, das den apokalyptischen Sieg vollbringen wird, und zwar dadurch, dass er die Juden einem verdienten Strafgericht ausliefert und sie auslöscht (C. E. Bärsch 1988). Nimmt man den nationalsozialistischen Jargon hinzu, wonach die Juden »wie Ungeziefer« auszurotten seien, so entspricht dies der alten Vorstellung vom nichtswürdigen Gewürm, welches der Drachentöter niederstreckt.

Vergessen ist auch, dass sich Hitler selbst 1937 als neuer Ritter Georg in silberner Rüstung porträtieren ließ. Abb. 46 zeigt dies in einem kleinen Ausschnitt.

Während man aber in Deutschland seit Jahrzehnten daran arbeitet, die unselige Verbindung zwischen religiös-nationalem Fundamentalismus und rassistischer Politik aufzuarbeiten, scheinen breite Bevölkerungsschichten in den USA sich nie mit den Hintergründen des eigenen Fundamentalismus befasst zu haben. Nur einzelne Intellektuelle in den USA und Europa legten geistesgeschichtliche Analysen vor, die das amerikanische Selbstverständnis bis zu seinen Anfängen bei den Pilgervätern rekonstruieren. Als erste Siedler wollten sie einen Gottesstaat in der Neuen Welt gründen, ein »Neues Israel«, das den Einwanderern aus ganz Europa ver-

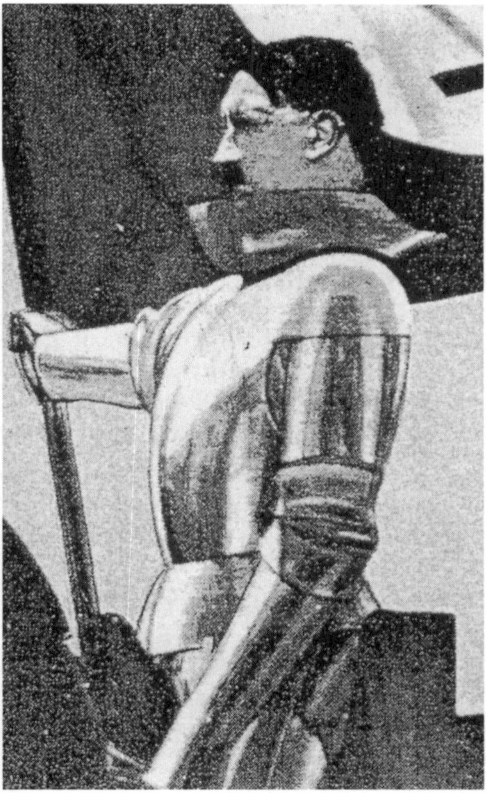

Abb. 46 Hitler als Held in silberner Rüstung

sprach, sie aus den Fesseln der absoluten Monarchie und der Staatskirchen zu befreien.

Noch heute ist »Freiheit« der Zentralbegriff der amerikanischen Werte, und neuerdings hat *George W. Bush* beteuert, dass sein Land von Gott dazu berufen sei, diese Freiheit in alle Welt zu tragen. In jüngster Zeit machte er mit seinem persönlichen Bekenntnis, ein »reborn«, ein im Rahmen christlicher Missionsgemeinden »Wiedererweckter« zu sein, den Zusammenhang zwischen seiner politischen Haltung und christlich fundamentalistischen Bewegungen publik. Neu ist dieser Zusammenhang nicht. Schon *Ronald Reagan* sprach in missionarischem Eifer vom Kommunismus als dem Bösen schlechthin, das es weltweit zu bekämpfen gelte. Nach dem Zusammenbruch der Sowjetunion hat sich die »Achse des Bösen« hin zur muslimischen Welt verschoben, und Präsident Bush jun. nimmt für sich die Definitionsmacht in Anspruch, wer in aller Welt zu den »Schurkenstaaten« zu zählen ist. Wenn er allen Ernstes von einem »Kreuzzug« gegen die Mächte des Bösen spricht, so macht er seinem Vornamen George alle Ehre. Er rechtfertigt den Präventivkrieg mit dem Argument: »Angriffe und böse Absichten dürfen nicht ignoriert oder beschwichtigt werden, man muss sich ihnen früh und entschieden entgegenstellen« (Mai 2003 in Krakau). Erinnert das nicht an den anachronistischen Wahlspruch des Hosenbandordens?

Gleichzeitig bemüht Bush im Kampf gegen den Terrorismus Metaphern aus der *Wildwestromantik* und knüpft damit an eine andere Pioniertradition an: am heldisch verklärten Kampf des Sheriffs gegen die Schurken, nur dass diese moralisch begründete, autonome Strafjustiz keine allgemeingültige Rechtsgrundlage besaß. Auf die internationale Ebene übertragen, fühlt sich die amerikanische Regierung nicht an das Völkerrecht gebunden, weil ihr moralisches Sendungsbewusstsein, legitime Kämpferin für eine neue Weltordnung zu sein, keiner anderen Rechtfertigung bedarf.

Auch europäische Politiker scheinen noch nicht voll zu realisieren, welch beängstigende Ideologie sich hinter dem Hegenomieanspruch der gewaltigsten Militärmacht der Geschichte verbirgt. Hier geht es nicht um Freundschaft oder Feindschaft, nicht um Pro- oder Antiamerikanismus, sondern um ein nachzuholendes Kapitel der Aufklärung. Dies betrifft allerdings auch die Europäer selbst, die zwar den ideologisch begründeten Fanatismus abgelegt haben, nicht aber die egoistische Parteinahme für ihre jeweiligen nationalen Interessen. Damit werden die Bemühungen der UNO um eine internationale Friedensordnung ebenfalls boykottiert.

Noch komplexer ist die Verquickung von religiöser und staatlicher Macht im *Islam.* Seit seiner Gründung durch den Propheten Muhammad bildete die religiöse und die staatliche Gemeinschaft immer eine Einheit, was jedoch nicht unbedingt eine Kampfesideologie einschließt. Muhammad wollte nur die Araber zum Monotheismus bekehren, nicht aber gegen die Juden, Christen und andere Schriftgläubige kämpfen. Wörtlich bedeutet »dschihad« das Sich-Bemühen um den rechten Glauben. Doch wurde in gewisser Weise der Keim zum Glaubenskrieg schon vom Propheten selbst gelegt, als dieser im Jahr 630 mit einer kleinen Schar bewaffneter Gläubiger seine Heimatstadt Mekka eroberte.

Während aber der Prophet seinen Sieg nicht ausnützte, brachten seine Nachfolger, die Kalifen, bald die ganze arabische Halbinsel unter ihre Kontrolle. Der entscheidende Schritt zum kämpferischen Islam war der Mord am vierten Kalifen *Ali,* dem Schwiegersohn Muhammads und Mann seiner Tochter Fatima. 680 versuchte dann Husain, der Sohn Alis und Enkel des Propheten, die Macht zurückzugewinnen, doch wurde auch er von den Regierungstruppen in Kerbela ermordet.

Seitdem halten das Schisma und die Rivalität zwischen den *Schiiten* und den *Sunniten* an, obschon ihre theologischen Streitigkeiten nicht sehr bedeutend sind. Es handelt sich vielmehr um einen Machtkampf um die wahre Nachfolge des Propheten, welche die Sunniten in ihren Kalifen, die Schiiten in ihren »Imanen« (Vorbeter in den Moscheen) sehen. Da beide Gruppen keine zentrale Führung anerkennen, ist schwer zu entscheiden, welche von ihnen stärker zum Fundamentalismus bzw. zur Gewaltausübung neigt. Jedenfalls spielen dabei auch männliche Rivalitätskämpfe eine nicht unwesentliche Rolle, wie sich im heutigen Irak erneut zeigt.

Allen islamischen Glaubensrichtungen gemeinsam ist die Verehrung des Märtyrertums, das sich infolge des muslimischen Bilderverbots nicht in Heiligenbildern niederschlägt, sondern an ganz bestimmte Erinnerungsorte wie Kerbela oder Nedjef gebunden ist. Die heutige Form des islamistischen Fundamentalismus mit seinen Selbstmordattentaten knüpft zwar an die Verherrlichung der Märtyrer an, widerspricht aber der religiösen Lehre des Islam, die sowohl Mord als auch Selbstmord verurteilt. Hier werden verzweifelte junge Menschen ohne Zukunft mithilfe pseudoreligiöser Ideen fanatisiert und instrumentalisiert.

So genannte »heilige Kriege« widersprechen jeder ursprünglichen Bedeutung vom Heiligen, im Namen welcher Religion auch immer sie geführt werden. Auch »gerechte Kriege«, sofern sie sich überhaupt rechtfertigen lassen, waren zu allen Zeiten die Ausnahmen, nicht die Regel. Deshalb bleibt als die einzig menschenwürdige Utopie die Bildung eines internationalen Schiedsgerichts, das im äußersten Fall eine glaubwürdige multinationale Truppe zur Friedenssicherung einsetzen kann. Nur die schrittweise internationale Ächtung von Kriegen und die Verfolgung von Kriegsverbrechern kann die jahrtausendealte Verherrlichung des Krieges ablösen.

Farbtafel I
Stiertötungsszene aus dem Mithräum in Mirano in den Albaner Bergen

Farbtafel II
Das jüngste Gericht, Jan van Eyck, 1. Hälfte 14. Jahrhundert, Ausschnitt

Farbtafel III
Luca Giordano, St. Michael tötet Luzifer, Ende 17. Jahrhundert

Farbtafel IV
Christus auf Tod und Teufel, Lukas Cranach der Ältere,
Altarbild der Stadtkirche zu Weimar, 1555

Farbtafel V
Russische Ikone aus Nowgorod, 15. Jahrhundert

Farbtafel VI
Paolo Ucello (1397–1475), St. Georg und der Drache

Farbtafel VII
St. Margaretha in der St. Georgskapelle, Obersaxen/Schweiz,
Tafelbild um 1480 von Yvo Strigel und seinem Sohn Bernhard Strigel

Farbtafel VIII
Alfred Rethel, Die Schlacht bei Cordoba

Farbtafel IX
Christophorus von St.Nikolaus in Kastelruth, Südtirol, 1791

Farbtafel X
Fresko St. Valentin in Pardell, Villnöss

Farbtafel XI
Fresko von St. Lorenzen im Pustertal, um 1530

Farbtafel XII
Fresko in St. Jakob im Joch, bei Villnöss im Eisacktal, 17. Jahrhundert

Farbtafel XIII
Christophorus auf Hausfassade in Villnöss, Südtirol

Farbtafel XIV
Christophorus und Maria Lactans, St. Johann, Brixen, um 1400

Farbtafel XV
Joachim Patinir, Überfahrt über den Styx, um 1500, Ausschnitt

Farbtafel XVI
Konrad Witz, Der Heilige Christophorus, 1439

Die moderne Wissenschaft im Kampf gegen Tod und Teufel

Die moderne Naturwissenschaft beginnt mit *Francis Bacon* (1561–1626), der die mittelalterliche Naturphilosophie hinter sich ließ, um mit Hilfe des Experiments endlich zu gesicherten Tatsachen vorzustoßen. Aber so sehr er sich von der Vergangenheit absetzt, so bleibt er ihr doch in einer wesentlichen Hinsicht verhaftet. Auch er geht von einem dualistischen Weltbild und der dazugehörigen sexistischen Polarität aus. So verurteilt er die kontemplative Naturschau vor seiner Zeit als »weibisch« und kündigt ein neues, männliches Zeitalter an, das sich anschickt, die Herrschaft über die Natur anzutreten. Auch Bacon vermutet in der Natur noch immer eine Art Drachen mit unvorhersehbaren und »bösen« Auswirkungen, weshalb sie »wie eine Sklavin« unterworfen werden muss. In diesem Sinn nennt er den Forscher der neuen Aera »Superman« – und wir trauen unseren Ohren kaum, dass dieser Begriff schon vor beinahe 400 Jahren aufkam. Seitdem durchzieht die heldische Figur des »Superman« die Kulturgeschichte der Neuzeit in immer neuen literarischen und bildhaften Versionen.

Bacon selbst entwirft in seiner Zukunftsvision den Idealstaat »Atlantis«, in welchem seine Supermen eine Art Wissenschaftspriester darstellen, die in geheimen Entscheidungen die Geschicke des Volkes lenken. Auch das kommt uns irgendwie bekannt vor: die Elite der *scientific community*, die mit oder ohne Segen der demokratischen Regierungen unser aller Zukunft bestimmen will. Der Anspruch auf eine solche Führungsrolle wird mit dem Besitz von »objektiven« Wahrheiten begründet und zudem mit dem Sendungsbewusstsein der Wissenschaft, die Übel dieser Welt an den Wurzeln zu packen und zum Wohl der Menschheit auszuschalten.

Allerdings erheben die ernsthaften Erkenntnistheoretiker unter den Naturwissenschaftlern diesen Anspruch nicht mehr und betrachten jedes Forschungsergebnis als ein bloß vorläufiges.

Als zweite Grundlage für die moderne Weltsicht schuf *Thomas Hobbes* (1588–1679) seine Staatstheorie, die bis heute für die Politologie maßgebend blieb. Hobbes, nicht unbeeinflusst von der christlichen Sündenlehre und bestärkt durch die damaligen Schrecken des englischen Bürgerkrieges sieht den Menschen von Natur aus als Raubtier. Deshalb ist für ihn der Kampf aller gegen alle der Naturzustand der Menschheit, welcher immer wieder durch die Oberfläche der gesitteten Gesellschaften dringt. Nur die menschliche Vernunft im Sinn einer eigennützigen Rationalität hält Hobbes für einen ordnungspolitischen Faktor: Menschen garantieren sich den Schutz vor der gegenseitigen Gewaltanwendung dadurch, dass sie das Gewaltmonopol an den Staat delegieren. Unter diesen Voraussetzungen ist der Gesellschaftsvertrag die einzig mögliche Rettung aus beständiger Furcht vor den Mitmenschen und muss immer neu befestigt werden.

Angesichts der heute weltweit zu beobachtenden Anarchie ist Hobbes' Theorie bedenkenswert, doch ist nicht zu übersehen, dass sie die wirklichen Voraussetzungen für chaotische gesellschaftliche Verhältnisse nicht analysiert. Diese sind viel eher das Ergebnis willkürlicher Herrschaft, der Entwurzelung und des Verlustes solidarischer Gemeinschaften als ein (hypothetischer) Urzustand.

Später machte *Adam Smith* (1723–1790) in seiner liberalen Wirtschaftstheorie den »homo oeconomicus«, d.h. das Streben nach materiellem Erfolg, zum Grundmotiv menschlichen Handelns. Die neoliberale Wirtschaftsdoktrin hält das Profitstreben für den einzig rationalen und verlässlichen Antrieb, wofür durch die Politik Anreize geschaffen werden müssen.

Bei der heutigen Abhängigkeit der technologischen Wissenschaften von den Geldgebern der Wirtschaft bedeutet dies auch die Gefahr, dass einseitig diejenigen Forschungszweige gefördert werden, die von privatwirtschaftlichem Interesse sind, in der Folge aber die Lebensformen aller BürgerInnen bestimmen. Dennoch hält sich die Wissenschaftsgemeinschaft in ihrem Mainstream für die eigentliche Bewahrerin der menschlichen Freiheit und für die Garantin des humanen Fortschritts, ohne die eigenen philosophischen Wurzeln zu hinterfragen. Nur die Texte mancher wissenschaftlicher Publikationen verraten mit ihren sprachlichen Metaphern etwas vom Welt- und Menschenbild der scheinbar voraussetzungslosen Wissenschaft. Bevor dafür einige Beispiele folgen, soll eine ausgewählte Illustration des »Superman« die Hintergründe der wissenschaftlichen Metaphorik veranschaulichen (Abb. 47).

Der muskulöse junge Mann mit der brutal wirkenden Kinnpartie scheint sich mit seinem wehenden Mantel in einer kosmischen Dimension zu bewegen. Dabei sprengt er mit gewaltiger Kraftanstrengung seine Ketten und schreitet über die Großbuchstaben »KRYPTONITE NEVER MORE« hinweg. Vermutlich bezieht sich dieser Spruch auf den legendären Planeten Krypton, den der Held zur Explosion gebracht hat. Wie alle Comic-Helden oder Star-war-Protagonisten befindet sich der Superman im Kampf mit irgendwelchen phantastischen Gegnern, wobei man sich die Monster aus der mythologischen Trickkiste holt: Riesenschlangen, Riesenkraken, Drachen und Basilisken (Drachen mit Hahnenköpfen).

Das Charakteristische am Superman ist sein unbändiger Autonomiewille, mit dem der Held alle Behinderungen und alle Grenzen sprengt. In den USA ist er sehr viel mehr als eine Comic-Figur, er ist eine Art Nationalheld, der die Freiheit und den Fortschritt personifiziert. So verwundert es auch nicht, dass es Präsident Bush nicht ungern sieht, wenn ihn Karikaturisten als Superman zeichnen (Ch. Gasser 2003).

Auch die zeitgenössischen Naturwissenschaften bleiben weitgehend der Vision Bacons vom Forscher als Superman

Abb. 47
Superman aus einer Comic-Serie

treu. Noch immer wird Forschung mit aggressiven Bildern beschrieben, die gegen eine geheimnisvolle und widerspenstige Natur antritt. So schreibt *Carlo Ginzberg* 1976 in einem Aufsatz: »Die Geheimnisse der Natur sind nicht länger Geheimnisse; die intellektuelle Kühnheit bzw. Dreistigkeit (bolness) der Wissenschaftler wird uns die Gaben der Natur zu Füßen legen« (zit. n. E. Fox Keller, 1992,58).

Dass die zu entschleiernde Natur weiblich gedacht ist, geht recht unverblümt aus dem Inserat einer Gentech-Firma aus den späten 90er Jahren hervor, in dem es heisst: »It is nice, to fool mother nature« – »es macht Spaß, Mutter Natur hereinzulegen«. Klingt dies wie die Phantasie eines Pubertierenden, so drückt sich *J. Watson* als einer der Entdecker der Doppelhelix deutlicher aus, wenn er von einer bewussten Vergewaltigung bzw. einem bösartigen Angriff auf das Geheimnis des Lebens spricht: »calculated assault on the secret of life«. (zit.n.E. Fox Keller 1992,42)

Was aber machen die Geheimnisse der Natur für den männlichen Forscher so herausfordernd und/oder bedrohlich? Wenn wir die Sprache der Reproduktionstechnologie verfolgen, so gibt es darauf zumindest eine Teilantwort. Von jeher war für den Mann die Gebärmutter der Frau ein höchst geheimnisvoller Ort, aus dem er selbst hervorgegangen ist und seine Kinder hervorgehen werden, und dies ohne voraussehbare Garantie für die Güte des »Produkts«. Im Zusammenhang mit der künstlichen Befruchtung im Reagenzglas und der so genannten Präimplantationsdiagnostik, also der genetischen Kontrolle des Embryo vor dessen Einpflanzung, fasst der amerikanische Bioethiker *Joseph Fletscher* seine Auffassung mit den Worten zusammen: »Wir kommen zu der Erkenntnis, dass die Gebärmutter ein düster dräuender Ort ist, eine lebensgefährliche Umgebung. Wir sollten unseren möglichen Kindern einen Platz wünschen, an dem sie unter bestmöglicher Aufsicht und bestmöglichem Schutz sind« (zit.n.Gena Corea 1986,230). Schließlich setzt sich das Projekt des Klonens die Erzeugung eines Kindes im Reagenzglas ohne konkrete Frau zum Ziel und damit die vollkommene männliche Kontrolle über den Vorgang der Reproduktion.

Abb. 48 veranschaulicht, wie man sich in Amerika die Herstellung des perfekten Menschen durch die Methode des Klonierens vorstellte. Wie selbstverständlich ist der perfekte Mensch ein Mann, und zwar der Superman mit seinen unbegrenzten Möglichkeiten.

Im Vordergrund jeder Form von Naturbeherrschung steht der Kampf gegen die Übel der Natur, seien sie physikalischer oder biologischer Art. Genetisch bedingte Gebrechen, Krankheiten, verursacht durch Bakterien oder Viren,

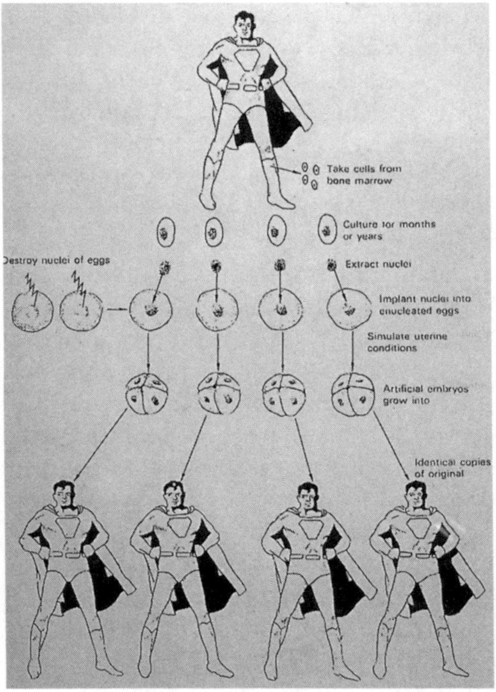

Abb. 48 Schematische Darstellung des Klonens aus einem amerikanischen Lehrbuch der 70er Jahre

und auch Unkräuter und Schädlinge der Landwirtschaft erscheinen als teuflische Gegenspieler der Menschen, die man mit den Waffen der Wissenschaft zur Strecke bringen muss. So gehört es in der Gentechnologie zur üblichen Ausdrucksweise, dass man »mit Genkanonen« auf Pflanzenembryonen »schießt«, um sie genetisch zu verändern.

Letztlich steht über jedem natürlichen Werden und Vergehen das Damoklesschwert des Todes, dem die medizinische Forschung zuvorkommen bzw. den Endkampf so lange wie irgend möglich hinauszögern will. Am deutlichsten für diese Option spricht sich *Michael Fossel* in seinem Buch *»Das Unsterblichkeitsenzym«* (1996) aus. Von ganz anderen Voraussetzungen ausgehend, glauben einige Computerwissenschaftler, diesem Ziel bereits näherzukommen: Die nahtlose Verbindung zwischen Lebewesen und Maschine (Cyborg) soll das inakzeptable Übel des Lebendigen, sterblich zu sein, überlisten.

In merkwürdigem Kontrast zum Kampf gegen Tod und Teufel im Dienst eines vollkommenen Lebens steht die wissenschaftliche *Perfektionierung todbringender Waffen.* Nimmt man den Jargon der Atomwaffenforscher ernst, so tritt in ihren Metaphern der zu besiegende Feind in den Hintergrund. Die Waffe als solche wird zum Selbstzweck und mit derben machistischen Sprüchen gefeiert. Sowohl die libidinös besetzte Vorstellung von ihrer maximalen Penetrationskraft als auch die Metapher von der erfolgreichen Geburt des »little boy« bei der Explosion der ersten Atombombe in Hiroshima machen den androzentrischen Narzissmus dieser Phantasie klar. Hier berührt sich auf unheimliche Weise die Vision von der größtmöglichen Zerstörungskraft mit dem Traum einer männlichen Zeugung von »Geistkindern«. Und beides ist gleich weit von der konkreten Welt des Lebendigen entfernt.

Wenn neben feministischen Wissenschaftskritikerinnen auch ein Computerspezialist wie *Joseph Weizenbaum* (2001) davon spricht, dass er sich den Ehrgeiz der Männer, künstliche Kinder zu erzeugen, nur mit deren verdrängtem Gebärneid erklären kann, so schließt sich der Kreis. Schon der erste historisch bekannte Drachentöter neidete der Muttergöttin Tiamat ihre Schöpfungskraft und entriss ihr diese Gabe, indem er sie tötete und sich aus ihrem Material seine Welt schuf. Nicht unähnlich klingt die oben zitierte Hoffnung: »Die intellektuelle Kühnheit der Wissenschaftler wird uns die Gaben der Natur zu Füßen legen.«

Die bange Frage bleibt allerdings, wie lange dieses Spiel noch weitergehen kann, bevor die Ressourcen der Natur erschöpft sind. Oder wie lange es dauern wird, bis die Frauen müde werden, ihre »Gaben« in die Welt zu setzen, nachdem Kinder zu einem Armutsrisiko geworden sind. Das einzig Unaufhaltsame scheint die Spirale der Massenvernichtungswaffen zu sein, und dies umso mehr, als sie sich im Namen des Kampfes *des* Guten gegen *das* Böse nach oben schraubt.

Höchste Zeit also, uns vom Idol des Drachentöters zu verabschieden.

II
Der Lebensträger als Gegenbild zum patriarchalen Heldenideal

Die rätselhafte Gestalt des Heiligen Christophorus

Was uns die Heiligenlegende erzählt, ist ziemlich verwirrend. Christophorus soll ein Kanaaniter von riesiger Gestalt und schrecklichem Aussehen gewesen sein, der vor seiner Taufe »Reprobus«, der Verworfene, hieß. Auf der Suche nach dem größten König, dem er dienen wollte, gelangte er zu einem Einsiedler, der ihm von Christus sprach und ihn zum Glauben bekehren wollte. Da der wilde Geselle aber weder beten noch fasten mochte, bat ihn der Mönch um seine Fährmannsdienste. So trug er denn täglich Menschen über den gefährlichen Fluss, bis zuletzt ein Knabe um seine Dienste bat. Der wurde so schwer, dass der Riese fast unterging, und als er ihn mit letzter Kraft am anderen Ufer absetzte, offenbarte er sich als Christus und mächtiger Weltenherrscher. Als solcher wirkte er das Wunder, dass der eiserne Stab des Riesen ergrünte und blühte. Da ließ sich Reprobus taufen und verkündete den Glauben in Lykien, wo er einen schrecklichen Märtyrertod erlitt.

Historisch ist diese Figur nicht fassbar, zumal »Christophorus« kein Eigenname ist, vielmehr die Bezeichnung für Missionare, die den Glauben an Christus in andere Länder trugen. Bekannt ist nur, dass 452 in Chaldekon/Kleinasien eine Kirche auf diesen Namen geweiht wurde und dass ab dem 6. Jahrhundert vor allem koptische Christen den Heiligen Christophorus verehrten. Auf griechischen Ikonen erschien er noch bis in die späte Neuzeit als hundsköpfige Gestalt.

Die orthodoxe Darstellung wie auf Abb. 49 missfiel den Päpsten und wurde innerhalb der römischen Kirche verboten. Uns aber gibt das »schreckliche Aussehen« des Riesen, von dem die Legenda aurea (13. Jahrhundert) spricht, den

Abb. 49
Griechische Ikone, Anfang 18. Jahrhundert, rechts Erzdiakon Stephanos, links Christophorus mit Schild und Lanze als Streiter Christi

Hinweis auf zugrundeliegende heidnische Vorstellungen. Mit Sicherheit war den Kopten der ägyptische Kult des *Anubis* bekannt, jenes Totenbegleiters, der hunds- bzw. schakalköpfig erscheint. Dem Mythos zufolge soll er den Horusknaben über den Nil getragen haben. Es gibt aber auch griechische Parallelen zu dieser Mischfigur, nämlich den Fährmann *Charon*, der die Toten zum Hades übersetzt. Ursprünglich war auch er hundsköpfig gedacht und hatte später nur noch den »Höllenhund« Kerberos zum Begleiter.

Im 10. Jahrhundert brachte man die angeblichen Reliquien des Heiligen Christophorus nach Köln, von wo aus sich sein Kult nach Frankreich, Süddeutschland und in die

Schweiz ausbreitete. Wenig später finden wir ihn in Norditalien, Südtirol und Kärnten. Die Bildkomposition des Christophorus mit dem Christuskind auf Arm oder Schulter ist seit der Mitte des 12. Jahrhunderts bekannnt. Sie wird von kirchlicher Seite als rein allegorische Darstellung des Namens Christophorus = Christusträger erklärt, doch werden wir sehen, dass dies keineswegs ausreicht, um die typischen Bildelemente des grünenden Stabs oder der Flussüberquerung zu begründen. Zur eigentlichen Hochzeit der Christophorusverehrung wurde erst das 14. und 15. Jahrhundert, als der Heilige der beliebteste unter den so genannten »14 Nothelfern« war. Eine ganze Reihe dieser zu den Pestzeiten populären Heiligen besitzt eine zweifelhafte christliche Legende und war wahrscheinlich heidnischer Herkunft. Es wäre dies nicht das erste Mal, dass der Volksglaube auf den tief verwurzelten »Aberglauben« in besonderen Notzeiten zurückgriff.

Im Übrigen war den hochmittelalterlichen Päpsten der Heilige immer suspekt, und Pius II. (1458–64) wollte ihn aus dem Brevier streichen. Die Popularität des Heiligen Christophorus rettete jedoch sein Andenken bis ins 20. Jahrhundert, wo ihn die Kirche als Beschützer des motorisierten Verkehrs duldete. Von da an setzte eine Banalisierung des Schutzpatrons zum bloßen Maskottchen ein, und heute ist er aus der offiziellen Kirche verschwunden. Umso wichtiger scheint es mir, seine verblassenden Fresken in Kirchen und an Außenfassaden zu dokumentieren, damit der tiefere Symbolzusammenhang dieser Gestalt nicht in Vergessenheit gerät.

Auf Abb. 50 (Farbtafel IX), sehen wir ein besonders gut erhaltenes Fresko mit der typischen Riesengestalt des Heiligen. Auf seiner rechten Schulter trägt er den Jesusknaben mit der Weltkugel, in seiner Linken den grünenden Baum. Auffallend sind der grüne Gürtel und die grünen »Shorts«, welche die starken nackten Beine freilassen. Rechts auf dem Felsen erscheint sehr klein der Mönch, im Wasser unten sehen wir Fischwesen, in der Mitte eine bekrönte Nixe.

Solche Monumentaldarstellungen an der Fassade einer Kirche sollen den Reisenden schon von weitem die Zuversicht verleihen, dass der Heilige sie vor Unglück und Krankheit beschützt. Von den Bauern wurde er auch für günstiges Erntewetter und Schutz gegen Hagel und Missernten angerufen.

Im Folgenden befassen wir uns zunächst mit der Haltung des Kindträgers, die schon in der Antike ihren künstlerischen Ausdruck fand, sowie mit der Symbolik des grünenden Stabes, die sich ebenfalls als ein altes Erbe erweist.

Der »Kourotrophos« und der grünende Stab

Kourotrophos, wörtlich »Knabenträger«, war in der Antike der Beiname für eine Göttin oder einen Gott, die ein Kind auf ihren Armen trugen. Im übertragenen Sinn bezeichnete man damit auch Pädagogen.

Abb. 51 zeigt einen Ausschnitt der berühmten Plastik des Bildhauers Praxiteles, wie *Hermes* den *Dionysosknaben* auf dem linken Arm trägt, während seine Rechte (hier nicht sichtbar) dem Kind eine Traube entgegenhält. Hermes ist eine der komplexesten Figuren in der griechischen Mythologie. Seine Verehrung in Gestalt so genannter »Hermen« – Steinsäulen mit erigiertem Penis – weisen auf einen vorgriechischen Vegetationsgott zurück, und die Sage vom »Hermaphroditen« auf seine enge Verbindung zur Göttin Aphrodite. Als Erfinder der Lyra und Schutzpatron der Musik haften ihm Züge von Orpheus an, und lange bevor er zum olympischen Götterboten mit Flügelschuhen und Heroldsstab mutierte, war sein »Caduceus« ein schlangenumwundener Stab, ähnlich dem des Heilgottes Aeskulap (siehe Abb. 62).

Die Griechen nannten Hermes *»Psychopompos«*, den Seelenführer, der die Verstorbenen dem Fährmann *Charon* übergab und der der Frühlingsgöttin Kore zu ihrem Aufstieg aus dem Hades verhalf. Wenn ihn seine berühmte Statue mit dem Dionysosknaben zeigt, so ist dies eine Anspielung auf sein nahes Verhältnis zu Zeus, der Dionysos mit der Göttin Demeter gezeugt haben soll. *Demeter* selbst wird häufig in enger Verbindung mit ihrer Tochter *Kore/Persephone* dargestellt, auf Abb. 52 mit der Tochter auf ihrer Schulter.

Charakteristisch für das Verhältnis von Demeter und Kore als der verjüngten, im Frühling wiederkehrenden Erdgöt-

Abb. 51 Der Hermes des Praxiteles, Heratempel in Olympia, 340 v. Chr.

tin ist die Tatsache, dass sie immer als erwachsene junge Frau erscheint und nie als Kind gedacht wird wie der Sohn »Brimos«, der Starke, der in Eleusis als Dionysos oder Iakchos gefeiert wurde.

Auf den Christophorusbildern sehen wir beide Varianten der Traghaltung, das Kind im Arm oder auf der Schulter des Riesen. Die frühen Darstellungen im byzantinischen Stil bevorzugen die Haltung auf dem Arm wie auf den Abbildungen 53 und 54.

Abb. 52
Demeter Kourotrophos,
Tonstatuette in attischem Stil,
um 430 v. Chr.

Die byzantinisch beeinflussten Bilder zeigen den Heiligen als reifen Mann in kostbarer Kleidung und in strenger Frontalansicht. Auf Abb. 53 sehen wir eine kleine erwachsene Christusfigur, noch nicht das Kind. Der grünende Stab ist ein Baumstamm mit Wurzeln und mit einer Art Pinienzapfen an der Spitze.

Auf Abb. 54 trägt Christophorus einen hermelinbesetzten Mantel, im linken Arm das ernst blickende Kind mit der Weltkugel in Händen und in seiner Rechten den grünenden Stab mit Wurzelwerk. Offensichtlich handelt es sich auch hier nicht, wie die Legende erzählt, um einen Eisenstab, son-

Abb. 53
Wandgemälde in der
Cyriacuskirche
Niedermending,
13. Jahrhundert

Abb. 54
Innenfresko in St.Peter,
Mistail/Schweiz,
Beginn 14. Jahrhundert

Abb. 56 St. Valentin in Villanders, Eisacktal
Fresko Beginn 15. Jahrhundert

dern um einen jungen Baum. Die Henne auf dem Kopf des Heiligen ist eine spätere Ergänzung (vgl. Abb. 65).

In viel bewegterer Haltung und mit jugendlichem Gesicht tritt uns Christophorus auf den nächsten beiden Abbildungen vom Anfang des 15. Jahrhunderts entgegen.

Auf Abb. 55, Farbtafel X, ist der Christusträger mit weichen Zügen gezeichnet, der Knabe kleinkindhaft. Auch farblich sind die beiden aufeinander abgestimmt, wenn das grüne Kleidchen des Knaben mit dem grünen, mit einem Rosenornament versehenen Gürtel des Heiligen korrespondiert.

Noch stärker treten die adonishaften, beinahe weiblichen Züge auf Abb. 56 hervor. Der kleinkindhafte Ausdruck des

Abb. 57 Adonis und Aphrodite, Bronzespiegel aus Neapel
Ende 4. Jahrhundert v. Chr.

Kindergesichts wird noch verstärkt durch die Haltung der Händchen, die sich im Haar des Heiligen festkrallen.

Hier in Südtirol scheint ein italienischer Stil die Maler zu beeinflussen. Auf dem Boden Italiens hat sich bis in die frühchristliche Zeit die Erinnerung an die östlichen Vegetationsgötter wie *Adonis* und *Attis* lebhaft erhalten. Im ganzen Mittelmeerraum wurden die Adonismysterien mit einem Trauerzug, begleitet von Klagegesängen, für den sterbenden Gott begangen, um kurz darauf die Auferstehung des

Abb. 58 Dionysos mit Thyrsosstab
Wein-Pelike um 430 v. Chr.

»Herrn« (so die hebräische Bedeutung von »adonai«) zu feiern. Überall pflanzten die Frauen so genannte »Adonisgärten«, indem sie Kornsamen in große Tontöpfe legten und im Frühling auf den Dächern sprießen ließen. Auch trägt eine Frühlingsblume, das »Adonisröschen«, das aus dem Blut des gewaltsam zu Tode gekommenen Gottes entstanden sein soll, dessen Namen.

Abb. 57 zeigt einen Bronzespiegel aus Neapel, auf dem die Göttin Aphrodite dem jungen Adonis als ihrem Sohngeliebten einen Myrtenzweig übergibt. Der bekränzte *Adonis* sitzt mit nacktem Oberkörper und seinem hölzernen Stab in Händen vor der Göttin, rechts daneben eine geflügelte Figur, wahrscheinlich die allegorische Darstellung des Eros. Die Übergabe des grünen Zweigs macht deutlich, dass die lebenserneuernde Kraft von der Großen Göttin ausgeht.

Auch die beiden anderen vorgriechischen Vegetationsgötter, *Dionysos* und *Attis*, tragen den grünenden Stab, so der Gott der Reben den mit einem Pinienzapfen bekrönten »*Thyrsosstab*«, umwunden von Weinlaub und Efeu. Das Vasenbild auf Abb. 58 zeigt Dionysos bekränzt, mit dem Thyrsos in der einen und dem Kantharos, einem Weingefäß, in der anderen Hand. Rechts von ihm sehen wir einen Satyr im Tanz mit einer Mänade, links Hephaistos, den Dionysos in den Olymp zurückführt. Dionysos und der Satyr tragen das Fell eines Rehbocks, dem typischen dionysischen Opfertier.

Noch präsenter war im Rom der ersten christlichen Jahrhunderte der Attis-Kybele-Kult aus Kleinasien, welcher das Pendant zum Adonis-Aphrodite-Mythos darstellt. Die zum Teil blutigen Geheimriten, bei denen sich die Gläubigen Wunden zufügten oder in höchster Ekstase sogar selbst entmannten, erinnerten jährlich im März an den gewaltsamen Tod und die Wiedererweckung des *Attis*. Der Sohngeliebte der Göttin Kybele soll sich unter einer Pinie selbst entmannt haben, und aus seinem Blut erwuchsen Blumen und Bäume. Besonders die Fichte oder Pinie waren ihm heilig.

Auf Abb. 59 steht in der Bildmitte *Attis* in phrygischer

Abb. 59 Attis und Kybele. Marmorrelief, Mitte 3. Jahrhundert v. Chr.

Tracht (phrygische Mütze) mit einem knorrigen Stab. Links die Göttin *Kybele* mit Tamburin und Stab, begleitet von einem Löwen. Rechts im Bild zwei fromme Verehrerinnen.

Wir sehen also, dass der grünende Stab ein sehr altes Motiv ist, das in die Christophoruslegende eingefügt wurde. Erst in der Legenda aurea (13. Jahrhundert) wird er zu einem Eisenstab, der durch ein Wunder des Christengottes zum Grünen kam. Dennoch gestalten die Künstler aller Jahrhunderte den Christophorus-Stab als einen hölzernen Stab.

Wenig bekannt ist hingegen, dass sich auch der Heilgott *Askleipios*, lateinisch Aeskulap, in die Tradition der Vegetationsgötter einreiht. Während er meist als greiser Arzt und Begründer der Heilkunst erscheint, zeigt ihn Abb. 60 als jugendlichen Gott mit knorrigem, schlangenumwundenem Stab.

Karl Kerényi (1975) zieht Parallelen zu alten mythologischen Vorstellungen, wonach Asklepios in enger Beziehung zur Göttin *Hygieia* stand (vgl. unser Wort Hygiene!) und die Heilkunst von *Cheiron* erlernte. Letzterer gehört der ar-

Abb. 60
Asklepios, Skulptur aus dem Nationalmuseum in Athen, 140 n. Chr.

chaischen Göttergeneration der Kentauren an, die im klassisch griechischen Verständnis verabscheuungswürdige Dämonen waren. Cheiron als Gott der Jagd und der Heilkunst bildet davon eine Ausnahme, wenngleich er auf den Vasenbildern die Mischgestalt von Pferd und Mensch beibehält (Abb. 61).

Wir sehen hier Cheiron in seiner typischen Haltung mit geschulterter Fichte, an der seine Jagdbeute hängt. Mit der rechten Hand weist er seinem Hund den Weg. Als dunkler Gott kennt Cheiron die Fährten des Todes, aber auch die Heilswege, auf denen man der Krankheit entgehen kann.

Abb. 61 Cheiron, der Kentaur, Attische Amphora 500 v. Chr.

Sein Schüler Asklepios wirkte in den berühmten Heilstätten wie Epidaurus, wo die Kranken durch einen todesähnlichen Schlaf die Gesundheit wiedergewannen. Dort galten Schlangen als heilkräftige Wesen.

Der Gestus der geschulterten Fichte wird uns beim »Wilden Mann« wieder begegnen, während der Schlangenstab des Asklepios auch bei Hermes/Merkur anzutreffen ist. Der Heroldsstab des Götterboten, sein *»Caduceus«*, war ein magischer Stab, umwunden von zwei Schlangen. Sie deuten die Doppelrolle des Hermes als Seelenbegleiter in Krankheit und Tod, aber auch zur Heilung und Wiedergeburt an (Abb. 62).

Wenn wir uns nach der symbolischen Gemeinsamkeit von grünendem Stab, Fichte oder Pinie und dem schlangenum-

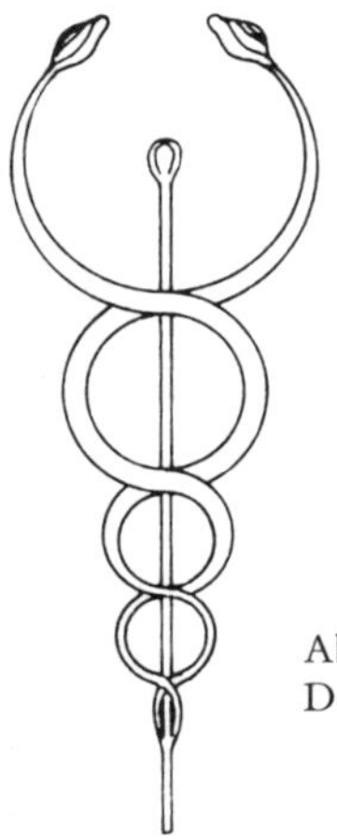

Abb. 62
Der Caduceus des Hermes

wundenen Stab fragen, so stellen sie alle eine Botschaft für Leben, Fruchtbarkeit und Heilkraft dar. Ihre Träger fühlen sich für das Leben verantwortlich, ohne dem Tod auszuweichen. Sie geben den Stab vielmehr weiter an die kommende Generation.

Christophorus, der Wilde Mann und der Grüne Mann

Neben der hoheitlichen Darstellung im byzantinischen Stil und neben der weichen, adonishaften Gestalt treffen wir besonders im Hochgebirge auf einen ganz anderen Typus des Heiligen Christophorus. Mit seinen kantigen Gesichtszügen und seinem muskulösen Körper erinnert er an die Figur des *Wilden Mannes*.

Auf Abb. 63 (Farbtafel XI) kniet das Jesuskind auf der breiten Schulter des Riesen, und offenbar kann der bärtige Mann diese Last mühelos tragen. Neben dem grünenden Stab sind seine Attribute der Knoblauch und andere Heilpflanzen, hier in der umgürteten Tasche des Heiligen.

Eine noch weit mächtigere und schon beinahe Furcht erregende Gestalt begegnet uns auf Abb. 64 (siehe Farbtafel XII).

Am stark verblassten Bild fallen die nackten, breit gestellten Unterschenkel ins Auge und dazwischen eine immer wiederkehrende Figur auf Christophorusdarstellungen: Im Wasser des Flusses oder der Furt erscheint eine doppelschwänzige Nixe, meist bekrönt. Darauf wird im nächsten Kapitel noch zurückzukommen sein.

In Tirol, im Engadin und in Süddeutschland ist der Wilde Mann eine bekannte Figur auf Hausfassaden, Wappen oder auf Wirtshausschildern, nur sind wir uns nicht mehr bewusst, dass es sich dabei um eine vorchristliche sakrale Figur handelt.

Abb. 65 zeigt ein zeitgenössisches Sgraffito des Wilden Mannes. Der gutmütig blickende Mann ist nur mit einem Laubschurz und einer Laubkrone bekleidet, in der sich eine Henne niedergelassen hat. Im Volksglauben ist diese ein Symbol für die Erd- und Muttergöttin, welche die Fruchtbarkeit und Wiedergeburt der Natur hervorbringt (U.Vital

Abb. 65
Hausfassade in Guarda, Unterengadin, Sgraffito von Steivan Liun Könz

1997). Im Einklang damit steht der mächtige grünende Baum in der Linken des Wilden Mannes.

Damit ist bereits angedeutet, dass der Wilde Mann, wie alle Vegetationsgötter vor und neben ihm, mit weiblichen Gottheiten in Verbindung steht. In Graubünden sind es die »Saligen Frauen«, und in Tirol und Bayern blieb in Gestalt der heiligen drei Jungfrauen Ambett, Gwerbett und Wildbett bzw. deren christlicher Ersatz durch die drei Heiligen Barbara, Katharina und Margaretha die Erinnerung an die dreigestaltige Göttin erhalten.

In diesem Zusammenhang ist eine dreiköpfige Skulptur des Wilden Mannes bemerkenswert, wie sie in Brixen hoch oben an einer Hausfassade steht (Abb. 66).

Auch hier ist der Wilde Mann nur mit Blättern bekleidet, und in dieser Gestalt fand er noch bis in die Neuzeit Wider-

Abb. 66
Der Wilde Mann, Holzplastik in Brixen, Ende 16.Jahrhundert

hall in Volkslegenden und Bauernregeln. Als Schutzgeist von Wäldern, Weiden und Äckern soll er jeweils den Bauern zugerufen haben, wann es Zeit war, die Äcker zu bestellen (E.Kutter 1997, S. 52 ff).

Die Dreiköpfigkeit kennen wir bereits vom Kerberos als dem Begleittier der Göttin Hekate und von dieser selbst, die eine Herrin über Leben und Tod gewesen ist, bevor sie auf die Göttin des Todes reduziert wurde.

Das alte Symbol für die kosmische Dreiheit wurde in einigen Fällen auf Christus als Symbol der göttlichen Dreifaltigkeit übertragen. So auf einem Fresko in Lavin, Unterengadin (Abb. 67).

Abb. 67 Der dreigesichtige Christus, Fresko des Chorgewölbes der Kirche in Lavin, Unterengadin, um 1500

Abb. 68 zeigt eine außergewöhnliche Darstellung des Wilden Mannes innerhalb eines Kirchenraumes. In Ruschein/Surselva finden wir ihn als Holzrelief an der Kanzel zwischen den vier Evangelisten.

Schon im 8. Jahrhundert wurde auf dem Frundsberg (Frauenberg) eine kleine Kirche auf dem Boden eines bronzezeitlichen heidnischen Kultortes gebaut. Im 15. Jahrhundert entstand die heutige, spätgotische Kirche unter dem Patronat St. Georgs. Hier präsentiert sich der bärtige Wilde Mann mit nacktem Oberkörper, der in einen stilisierten Baum (Säule) übergeht und darunter nur noch die Füße hervortreten lässt. Neben dem Engadin ist der »Surselva« genannte Teil am Oberrhein die Region Graubündens, wo der Wilde Mann in Sagen und Brauchtum am lebendigsten blieb. So war er noch bis ins 19. Jahrhundert im Wappen des so genannten Zehngerichtebundes zu sehen, und jedem neu ge-

Abb. 68
Der Wilde Mann auf der Kanzel von Ruschein, Surselva, Schweiz , Ende 15. Jahrhundert

wählten Ammann (Gemeindevorstand) wurde eine Baumkrone auf den Dachfirst gestellt, die man im nahen Wald holte. Bäume galten als belebte Wesen und der Wilde Mann sowohl als Spender des Holzes wie auch als Verursacher von Stürmen und Geröllniedergängen. Für seine Identität als Vegetationsgottheit, oder christlich formuliert, als Vegetationsdämon, sprechen auch Bräuche der symbolischen Hinrichtung und Wiedererweckung des Wilden Mannes (C. Castinada 1961, S. 175 f.).

Merkwürdig bleibt allerdings die Armhaltung der Skulptur auf Abb. 68. Die verschränkten Arme des nackten Oberkörpers finden sich sonst nur bei indischen Gottheiten, wie

Abb. 69
»Die kreisende Zeit« aus einem Chorbuch des Klosters Zwiefalten, 1. Hälfte 12. Jahrhundert

sie durch die Zigeuner im Europa des 14. und 15. Jahrhunderts bekannt wurden. Dass hier ein Zusammenhang bestehen könnte, wirkt weniger weit hergeholt, wenn wir bedenken, dass im Gegensatz zum Flachland die Schweizer Bergbevölkerung die Zigeuner mit großem Wohlwollen aufnahm. Die naturnahe Lebensweise als Berghirten machte sie empfänglich für das magisch-mythische Weltbild der Nomaden aus Indien: so auch für die archetypischen Bilder der Tarotkarten, auf die sich die Wahrsagekunst der Zigeuner stützt (S. Golowin 1981). Einige Ausgaben dieser Karten, die seit dem 15. Jahrhundert in ganz Europa auftauchen, zei-

Abb. 70 Wilder Mann auf seiner jährlichen Rheinfahrt

gen auf der Bildtafel »Die Entscheidung« (oder die Liebenden) die zentrale Figur mit gekreuzten Armen (Bauer/Dümotz/Golowin 1985).

In einem in den Klöstern Süddeutschlands zirkulierenden Chorbuch aus dem 12. Jahrhundert ist der Wilde Mann unter dem Namen »Annus« zu erkennen. Auf Abb. 69 ist er inmitten eines Jahreskreises in Hockstellung zu sehen. Gewissermaßen als Jahres- und Kalenderkönig hält er Sonne und Mond in Händen und ist von Tierkreiszeichen und jahreszeitlichen Symbolen umgeben.

Wir sehen eine stark behaarte, fast nackte Gestalt, nur mit einem von der Schulter herabhängenden Tuch dürftig bekleidet. Rechts oben im Bild erscheint sie noch einmal als Personifikation der Abendkühle, des Frostes (»Pruina«) im Gegensatz zur »Aurora« links oben. Hier erinnert das stoppelige Haupt noch stärker an den Wilden Mann.

Im Schweizer Volksbrauch lebt der Wilde Mann noch heute, wenn er auf seiner jährlichen Reise im Januar bei Basel den Rhein hinunterfährt. Wenn auch nicht mehr nackt, so trägt auch er die Laubkrone und den Laubschurz und hält

Abb. 71
»Jack in the Green«
mit Gefolge,
Hastings Castle,
Mai 1990

eine Fichte geschultert wie lange vor ihm Cheiron oder Attis. Im übrigen wird er beim anschließenden Umzug von einer Wilden Frau begleitet (Abb. 70).

Eng verwandt mit dem Wilden Mann ist der *»Grüne Mann«*: in Bayern bekannt als »Pfingstl«, dem die jungen Burschen den Maibaum aufrichten oder, wie schon erwähnt, als »Grüner Georg«, zu dessen Ehren Umritte auf braunen Ackerpferden stattfinden.

In England trägt er die Namen Robin Hood (eigentlich »Robin of the Wood«) oder »Jack in the Green«, und in Frankreich und England ist er in romanischen und gotischen Kathedralen als so genannter »Pflanzenspeier« präsent. Bis heute feiert man an der südenglischen Küste ein großes Volksfest, bei dem »Jack in the Green« die Hauptrolle spielt

Abb. 72 Blattspeier aus Poitiers, um 400

(Abb. 71). Wie der Wilde Mann ist auch der Grüne Mann ein Riese und wird von einem Mann auf Stelzen dargestellt, vollständig in grüne Blätter eingehüllt und mit einer Blütenkrone an der Spitze des Blätterturms. Er führt eine Prozession an, welche junge Männer in Blätterkostümen begleiten und dabei eine Art Moriskentänze vollführen. Höhepunkt ist der »Steckentanz«, bei dem der »Jack« mit Holzstäben umgestoßen wird und »tot« umfällt. Nun brechen sich die Festteilnehmer Blätter von ihm ab und nehmen sie als Glücksbringer mit nach Hause.

Hinter diesem heiteren Treiben schimmert noch das alte Opferritual hindurch, bei dem der Vegetationsgott bzw. sein Stellvertreter sterben muss, damit die neue Saat ihre volle Fruchtbarkeit erreicht. Auch eine weibliche Bezugsperson zum Grünen Mann fehlt nicht. In seiner Begleitung tritt ein besonders schönes Mädchen in schwarzer Kleidung auf (Todesaspekt der Göttin?), das eine lange Blütenrispe trägt.

Eine nahezu identische wandelnde Baumpyramide wird jeweils im Mai durch das Dorf Ragaz/Schweiz geführt. Sie trägt den Decknamen »Maibär« und wird zuletzt in das Flüsschen Tamina geworfen (R. Weiss 1984, Abb. 131).

Abb. 73 Dachschlussstein aus der ehemaligen Chapelle Bauffrement in Burgund, 13. Jahrhundert, Museum Dijon

Es braucht kaum angemerkt zu werden, dass solche Erinnerungen an eine archaische Menschenopferpraxis jede Vorbildfunktion eingebüßt haben, weil der heidnische Opfergedanke mit einer ethisch-humanistischen Religionsauffassung nicht vereinbar ist. Das gilt im übrigen auch für die bis heute in der Theologie vertretene Überhöhung der Hinrichtung Jesu als eine gottgewollte Sühnetat. Davon hat sich vor allem die feministische Theologie kritisch distanziert (vgl. C. Meier-Seethaler 1997).

Die älteste Darstellung des Blattspeiers in einem christlich-sakralen Zusammenhang befindet sich in Poitiers am Grab der Heiligen Abre, Tochter des Heiligen Hilarius, Apostel Galliens (Abb. 72).

In französischen und südenglischen Kathedralen, aber auch in süddeutschen und italienischen Kirchen sind die Köpfe von grünen Männern zu Hunderten in den gotischen Blattornamenten von Kapitellen, Kanzeln und Kreuzgewölben versteckt. Ab und zu haben sich auch die Architekten in Dach- oder anderen Schlusssteinen selbst ein Denkmal ge-

Abb. 74
Dionysos-Maske, Attische Malerei auf Amphora mit Deckel, 5. Jahrhundert v. Chr.

setzt, wie dies von Lichfield bekannt ist. Das Beispiel auf Abb. 73 zeigt einen solchen Kopf mit individuell gestalteten Zügen.

Wir sehen den Kopf des Grünen Mannes ganz ins Laubwerk eingebettet und aus seinem Mund Weinlaub und Trauben wachsen. Solche Laubköpfe erinnern an antike Dionysos-Masken, wie sie Abb. 74 zeigt. Bei diesem Vergleich gilt es zu bedenken, dass die Dionysosmysterien in den ersten christlichen Jahrhunderten im ganzen Mittelmeerraum populär waren. Wie üblich ist hier die Maske des Wein- und Vegetationsgottes auf einer bekleideten Säule angebracht, auf unserer Amphora als Kulisse vor einem Tisch mit Wein-

Abb. 75
Jungfrau mit Kind. Schlussstein des Kreuzgewölbes über dem Hochaltar der Lady Chapel in der Kathedrale von Ely

schöpferinnen. Aus dem bekränzten Kopf des Gottes wachsen strahlenförmig Rebblätter hervor.

Interessanterweise finden wir in englischen Kathedralen neben einer großen Anzahl »Grüner Männer« auch vereinzelt »Grüne Frauen«. Auch im Ulmer Münster ist eine solche zu entdecken. Bei dem Beispiel auf Abb. 75 ist es eine Frau mit Kind, die wie eine Madonna wirkt.

Sehr viel archaischer mutet eine andere Frauenfigur in der Kathedrale St. Bernhard in den Pyrenäen an (Abb. 76). Die gotische Kirche mit ihrem prächtigen Renaissance-Chorgestühl birgt eine Fülle christlicher und allegorischer Figuren. In der Mitte des Chorgestühls ist eine Holzfigur angebracht, eine nackte Frau mit Flügeln und Froschfüßen, was sie als kosmische Mischfigur ausweist. Das Bemerkenswerteste aber sind ihre Gebärstellung und der Kopf des Grünen Mannes, der aus ihrem Schoß hervortritt. Das macht sie zu einer

Abb. 76 Holzplastik am Chorgestühl der Kathedrale St. Bernhard, Cominges in den Pyrenäen, um 1550

gebärenden Göttin, die an sehr alte, vorpatriarchale Ikonographien erinnert. Dass sie ihren Platz in einer Kirche hat, ist umso erstaunlicher, als seit der klassischen griechischen Epoche das Gebärmotiv aus der direkten Darstellung in der Kunst verbannt war. Wir werden es in der verdeckten Form der Nixe auf den Christophorusbildern wiederfinden.

Alles in allem legen die Gestalten des Heiligen Christophorus, des Wilden und des Grünen Mannes Zeugnis für die Langlebigkeit vorchristlicher Motive ab. Neben dem Volksbrauchtum, das seit jeher ein Reservoir für uralte mythische Vorstellungen bildete, gelang es christlichen Künstlern, sie in die Ideenwelt des mittelalterlichen Glaubens zu integrieren. Auch verstand es die katholische Kirche zu allen Zeiten, den Bedürfnissen der Volksfrömmigkeit entgegenzukommen, nicht zuletzt bei den großen Kirchenfesten. Das gilt nicht nur für Ostern und Weihnachten, sondern auch für

Fronleichnam. Seit dem 13. Jahrhundert wird dieses Fest an einem Donnerstag im Mai als Tag des »Corpus Christi« begangen. Offiziell dient es der Erinnerung an den Gründonnerstag, an dem Jesus das Altarsakrament einsetzte. Äußerlich jedoch nahm es die Elemente heidnischer Maifeiern auf, wenn die Kinder an der Fronleichnamsprozession Blumensträuße tragen und frisch geschnittene Birken die im Freien errichteten Altäre schmücken. Hier tritt der auferstandene Christus an die Stelle des wiedergeborenen Vegetationsgottes.

Christophorus und die Nixe

Schon auf Abb. 50 (Farbtafel IX) und Abb. 64 (Farbtafel XII) begegneten wir auf dem unteren Bildteil den verblassten Umrissen einer doppelschwänzigen Nixe, die ihre beiden Schwanzenden mit den Händen seitlich in die Höhe hält. Ihr deutlich weiblicher Oberkörper ist nackt, ihr Kopf bekrönt. Neben Fischen und anderen maritimen Phantasiefiguren, die den Fluss oder die Furt zu Füßen des Heiligen bevölkern, zeichnet sich die Nixe dadurch aus, dass sie stets in der Mitte zwischen den Unterschenkeln des Riesen platziert ist und durch ihre Bekrönung eine besondere Aussagekraft erhält.

Abb. 77 (Farbtafel XIII), stellt die vollständige Szenerie vor: den Christusträger in grünem Kleid und mit dem grünenden Stab zwischen zwei Ufern. Rechts der alte Mönch vor seiner Klause, links das bewaldete Stück Land, zu dem Christophorus den Jesusknaben hinüberträgt. Und genau in der Mitte zwischen den Beinen des Schreitenden erscheint die Nixe, deren Schwänze nur noch schwach zu erkennen sind und deren Oberkörper hier in der Art mittelalterlicher Burgfräulein bekleidet ist. Auch trägt sie die so genannte Jungfrauenkrone auf ihrem Haupt.

Bedauerlicherweise äußern sich KunsthistorikerInnen so gut wie nie zu dieser so häufig auftretenden Figur. Sie bleibt unverstanden. Nur von Luther wird die Vermutung überliefert, es handle sich dabei um die Gestalt weiblicher Verführung, der Christophorus widerstehen muss. Offenbar empfanden Theologen die Körperhaltung der Nixe mit weit auseinandergezogenen »Beinen« als obszön, und tatsächlich erinnert sie in manchen Beispielen, wie auf Abb. 78, an die antike Fruchtbarkeitsgöttin Baubo.

Hier, an der Fassade des Vorplatzes zur Kirche, ist auf unserem Ausschnitt nur noch ein Teil vom linken Unterschenkel des Riesen erkennbar. Links im Vordergrund kniet der

Abb. 78
Pfarrkirche zum
Hl. Jakobus,
Meransen, Pustertal,
15. Jahrhundert

betende Mönch, und darüber »thront« die nackte Nixe in einem Getümmel von Fischen und Seesternen. Ihr Körper ist auf die wohlgeformten Brüste und die Schenkel bzw. Fischbeine reduziert, doch sprechen das ernste Gesicht der »Fischprinzessin« mit der sorgfältigen Frisur und der Lilienkrone alles andere als eine obszöne Sprache.

Welcher Verehrung sich dieses riesige Fresko erfreute, das zeigen die vielen Inschriften der Pilger am unteren Bildrand.

Wie ich an anderer Stelle anhand vorderasiatischem, mediterranem und afrikanischem Bildmaterial zeigen konnte (C. Meier-Seethaler 1993), haben wir es bei der Figur der doppelschwänzigen Nixe mit der Gebärhaltung alter Mut-

Abb. 79 Schauhenkel am Krater (Mischkrug) von Vix, Tarent, 550 v. Chr.

tergöttinnen zu tun, nur dass die seitlich gespreizten Beine durch Fischschwänze ersetzt sind. Die maritime Form der Gebärhaltung nehmen vor allem afrikanische Meeres- und Flussgöttinnen ein, weil Meer und Flüsse als die Lebensadern und die mütterlich-schöpferischen Urgründe gelten. Von da aus brachten westafrikanische Sklaven ihr Bild nach Brasilien mit, wo sie noch heute als Meerjungfrau und Muttergöttin Yemanija ein zentrales Motiv für die afrikanisch-christlichen Mischkulte des *Voodoo* und des *Candomblée* bildet.

Abb. 79 gibt ein seltenes Beispiel aus der griechischen Kunst wieder, wo die Göttin *Medusa* auf dem Schauhenkel eines großen Gefäßes als doppelschwänzige Nixe dargestellt ist. Auch sie greift mit ihren Händen nach den gespreizten Fischschwänzen.

Wenn wir das schon auf Abb. 54 gezeigte Christophorus-Fresko aus der Kirche Mistail näher betrachten, so finden wir auch hier im unteren Bildteil eine doppelschwänzige Nixe (Abb. 80). Während ihr bekleideter Oberkörper und das bekrönte Haupt deutlich und die Enden der Fisch-

Abb. 80
Ausschnitt aus dem Fresko des Christophorus in der Johanneskirche von Mistail, Anfang 14. Jahrhundert

schwänze in ihren Händen noch schwach zu erkennen sind, ist der Unterkörper weitgehend zerstört. Ob er durch die häufige Berührung von Hilfesuchenden abgewetzt oder absichtlich abgekratzt wurde, um den als obszön empfundenen Aspekt zu tilgen, muss offen bleiben.

Dass es sich jedoch um eine sakrale Figur handelt, darauf kann die benachbarte Madonnendarstellung ein Hinweis sein. Ganz in der Nähe des Christophorusbildes befinden sich die ebenfalls Anfang des 14. Jahrhunderts entstandenen gotischen Malereien in der Apsis der Kirche von Mistail. Wir sehen dort eine Madonna mit Kind und die Anbetung der Heiligen Drei Könige (Abb. 81).

Die Gottesmutter ist mit einer Lilienkrone bekrönt, die

Abb. 81
Madonna mit Kind,
Ausschnitt aus
Fresko in
St. Johann, Mistail,
Schweiz, Anfang
14. Jahrhundert

derjenigen der Nixe sehr ähnlich sieht. Kann dies ein Zufall sein, oder ist es eine Auszeichnung, welche neben ihr die Drei Heiligen Jungfrauen erfuhren (vgl. Abb. 38)? Wie so oft sind ja die Attribute alter Göttinnen auf die Madonna übergegangen.

Auch ohne Gegenwart der Nixe tritt der Heilige Christophorus häufig im Umkreis der Gottesmutter auf. Besonders eindrucksvoll ist dies auf den Fresken im Kreuzgang von St. Johann in Brixen zu sehen (Abb. 82, Farbtafel XIV). Über dem Bild der Maria Lactans, die den Jesusknaben an ihre Brust hält, erscheint die Auferstehung des Gekreuzigten aus dem Grab, und links davon der Heilige Christophorus, der einen jugendlich wirkenden Christus auf seiner Schulter

Abb. 83 Sgraffito an der alten Mühle von Sent, Unterengadin

trägt. Dies kann als Hinweis auf das Motiv gedeutet werden, das Leben durch den Todesfluss hindurch ans Ufer der Auferstehung zu retten.

Eine ganz andere Frage ist, wie das Motiv der doppelschwänzigen Nixe in die Schweiz und insbesondere nach Graubünden kam. Aller Wahrscheinlichkeit nach ist sie eine symbolische Figur, welche die Etrusker auf ihrem Rückzug vor den Römern nach Norden bis in die Südtäler der Alpen brachten. Für dieses seekundige Volk waren die Sirenen vertraute mythische Wesen, die noch heute auf den Felsfassaden ihrer Nekropolen zu besichtigen sind. Dort bewachen sie die Gräber in Gestalt nackter Meermädchen mit Fischschwänzen, die in Schlangen übergehen.

Im Volksglauben Graubündens figuriert die doppelschwänzige Nixe als Herrin des Wassers und seiner Schätze an Fischen und Gold. So ziert ihr Bild die Wand einer alten Mühle in Sent (Abb. 83). Ihr langes Haar erinnert an die sagenhaften Undinen (weibliche Wassergeister).

Ein ähnliches Wesen an einer Hausfassade in Chinuos-

Abb. 84 Sgraffito am Haus Andrea Capon in Chinuos-Chel, 1659

Abb. 85 Spätromanisches Kapitell aus der Stadtkirche in Büren an der Aare

Chel zeigt uns die mythischen Verknüpfungen – hier im Wortsinn – von Nixe, Schlange und Drachen (Abb. 84).

Die Nixen gelten im Volksglauben als Beschützerinnen des Kindersegens und gleichzeitig als Seelenführerinnen, welche die Seelen der Verstorbenen durch das Wasser tragen.

Die ursprünglich sakrale Bedeutung der doppelschwänzigen Nixe geht aus der Tatsache hervor, dass wir sie sowohl in Norditalien als auch in der Schweiz und in Frankreich in spätromanischen und frühgotischen Kirchen an Kanzeln und Säulenkapitellen vorfinden. Abb. 85 ist dafür nur ein Beispiel von vielen.

Der Fährmann Christophorus

Das Motiv des Fährmanns, wie es die Legenda aurea für die Bekehrung des Christophorus aufnimmt, ist viel älter als das Christentum. Im klassischen Griechenland gehört der Fährmann Charon zu den selbstverständlichen mythischen Traditionen. Eine weißgrundige Vasenmalerei zeigt ihn in seinem Boot mit einem Stab als Ruder, wie er einen Toten über den Unterweltfluss Styx in den Hades begleitet. Links von ihm der Seelenführer Hermes (Abb. 86).

Abb. 86
Attischer Lekytos (Salbölkanne), Mitte 5.Jahrhundert v. Chr.

In vorklassischer Zeit war Charon, wie so viele altorientalische und ägyptische Götter, eine tierisch-menschliche Mischfigur und als solcher hundsköpfig gedacht. Später wurde der zwei- oder dreiköpfige Höllenhund Kerberos zu seinem Begleiter. Wie wir schon am Beispiel einer Ikone (Abb. 49) sahen, gibt es eine untergründige Verbindung zwischen dem griechischen Fährmann der Toten und dem hundsköpfigen Christophorus in der orthodoxen Ikonographie.

Eine Ahnung von der Verbindung zwischen Christophorus und Charon scheinen noch namhafte Künstler aus dem 15. Jahrhundert bewahrt zu haben. Vielleicht nicht ganz unabhängig voneinander entstanden die Gemälde des niederländischen Meisters Joachim Patinir (1485–1524) und des in Basel tätigen Malers Konrad Witz (1400–1445). Obwohl nicht nachzuweisen ist, ob der Holländer Patinir, der mythologische Motive mit Landschaftsmalerei verband, das Pionierwerk des in Basel tätigen Konrad Witz kannte, ist die Ähnlichkeit in der Komposition beider Bilder frappant. Hier zuerst die später entstandene Arbeit von Patinir (Abb. 87, Farbtafel XV).

Auf diesem Ausschnitt ist nur ein Teil der großzügigen Seen- und Hügellandschaft sichtbar. Links im Vordergrund steht ein (Todes?)Engel, im Zentrum der halbnackte, bärtige Charon in seinem Boot, in welchem er die nackte Figur eines oder einer Toten über den Styx rudert. Am rechten Flussufer erheben sich der von unheimlichen Tiergestalten bewachte Eingang zum Hades und dahinter brennende und rauchende Gebäude am finsteren Waldabhang.

Mehr als ein halbes Jahrhundert früher entstand das Christophorusbild von Konrad Witz, das er unter dem Eindruck des Ausbruchs der Pest in Basel malte (Abb. 88, Farbtafel XVI).

Die Szenerie der Flusslandschaft wird beim Basler Künstler von wilden Felsen gesäumt, und das Wasser, durch das der Heilige watet, ist tief dunkel gefärbt, was die Bedrohlichkeit der Situation unterstreicht. Auf dem links im Hintergrund vorspringenden Ufer steht auf einer Anhöhe die zur Kirche erweiterte Klause des Einsiedlers, er selbst in der Mönchskutte am Ufer. An der Richtung des mühsam schreitenden Christophorus ist nicht klar abzulesen, woher er aufgebrochen ist. Hinter ihm ragt eine schroffe Felswand empor, sein Holzstab ist bereits angebrochen unter der schweren Last des heiligen Kindes, das auf seinen Schultern steht. Dennoch trifft ein Lichtstrahl auf das Ufer im linken Vordergrund bzw. auf die Pflanze, die auf dem winzigen Rasenstück aufleuchtet. Es ist ein Rohrkolbengewächs und kann als Anspielung auf die Passion Christi verstanden werden: auf die Geißelungsszene, bei der ihm seine Peiniger zum Hohn auf den »König der Juden« die Dornenkrone und ein Rohr als Zepter aufzwingen.

Vergegenwärtigen die künstlerischen Darstellungen des Heiligen Christophorus das vielfältige Thema des Lebensträgers in mythisch-symbolischer Form, so kennt das christliche Mittelalter eine historische Figur, welche sich die Hinwendung zum konkreten irdischen Leben zum persönlichen Lebensprogramm machte: den populären und doch selten wirklich verstandenen Franz von Assisi.

Franz von Assisi

Als Sohn eines reichen Kaufmanns war Franz von Assisi in der prunkvollen Umgebung der herrschenden Oberschicht aufgewachsen und teilte in jungen Jahren das Leben des Ritteradels. Zur Enttäuschung seines Vaters wandte er sich jedoch immer stärker dem Leben der einfachen Menschen zu, vor allem den Armen, bis er sich schließlich aufgrund einer religiösen Eingebung ganz aus dem bürgerlichen Leben zurückzog.

Obwohl Franz von Assisi schon zwei Jahre nach seinem Tod heilig gesprochen wurde – wozu seine kurz zuvor empfangenen Wundmale Christi und seine große Verehrung im Volk Anlass gaben –, war er einem Teil der offiziellen Kirche suspekt. Zu radikal hatte er jeden Anspruch auf Macht, Prestige und Geld zurückgewiesen und sich dem Leben der Armut und der Fürsorge für die Armen verschrieben. Dies war in Anbetracht der revolutionären Strömungen im 12. Jahrhundert und des Entstehens von radikalen Reformbewegungen gegen die Verweltlichung der Kirche – wie die der Katharer, Waldenser oder Albingenser – für die römische Kurie eine reale Bedrohung. Deshalb stimmte Papst Innozenz III. der Ordensgründung der »Minderen Brüder« (Minoriten) nur halbherzig zu.

Franz von Assisi ließ sich jedoch nicht beirren. Er lehnte einen festen Ordenssitz ebenso ab wie eine streng festgelegte Ordensregel. Jeder Hierarchie und allen theologischen Spitzfindigkeiten stand er mit größter Skepsis gegenüber. Er und zunächst wenige Mitbrüder zogen in einfachster Kleidung als Wanderprediger durch ganz Italien und verdienten sich ihren Lebensunterhalt mit Gelegenheitsarbeiten bei Bauern und Handwerkern, ohne je Geld anzunehmen.

Man könnte die franziskanische Lebensweise geradezu als Kontrastprogramm zu jedem patriarchalen Lebensstil bezeichnen. Franzikus' Abneigung gegen jegliche Herrschaftsform mag unter anderem mit seiner Herkunft und dem Zerwürfnis mit seinem reichen Vater zu tun haben, doch war es nicht Kleinmut, aus der heraus er die Mentalität der Dominanz verwarf. Er führte im Gegenteil in seiner Jugend ein ausgesprochen großzügiges Leben und schätzte als geborener Ästhet den Glanz der Feste und alles Schöne. Davon ist ihm die Liebe zur provenzialischen Sprache der Minnesänger geblieben, die ihm den Übernamen »Francesco« – kleiner Franzose – einbrachte. Auch war er nicht Asket aus Prinzip, und die manichäistische Verachtung des Leibes im Namen des Geistes lag ihm fern. Seine extreme Bescheidenheit und grenzenlose Opferbereitschaft waren einzig der Ausdruck seiner Nachfolge Christi.

Als sich seine Ordensidee ungeheuer rasch in beinahe ganz Europa ausbreitete, musste Franz von Assisi erkennen, dass ihn die Wenigsten seiner Mitbrüder wirklich verstanden hatten. Nach seinem Tod passte sich die Mehrzahl der Franziskaner den Regeln anderer katholischer Orden an und tat sich neben den Dominikanermönchen auf den Lehrstühlen der hochmittelalterlichen Theologenschulen hervor. Franziskus selbst war es darum gegangen, die christliche Praxis turmhoch über die theologische Theorie zu stellen, eine Rangordnung, die erst die Arbeiterpriester und die BefreiungstheologInnen des 20. Jahrhunderts von Grund auf begriffen. Ganz im franziskanischen Sinn geben sie der »Orthopraxie« (rechte Praxis) den Vorrang vor jeder »Orthodoxie« (rechte Lehre).

Im Gegensatz zur latenten Frauenfeindlichkeit der katholischen Kirche, die sich bis heute im Zölibat und im Ausschluss der Frauen vom Priesteramt manifestiert, begründete Franz von Assisi in völlig egalitärer Weise mit Klara von Assisi den Klarissenorden. Später initiierte er den so genannten »Dritten Orden« für Laien, zu denen ausdrücklich auch verheiratete Paare zählten. Seine Mitbrüder hielt er dazu an, sich »wie eine Mutter« gegenseitig zu unterstützen und sich einander in die persönliche Empfindungswelt einzufühlen (A.Rotzetter/E.Hug 1999).

Der Primat des Gefühls als Kern der christlichen Liebe war für Franziskus selbstverständlich und bedurfte keiner Begründung. Jede einseitige Verstandesbildung erschien ihm lebensfremd, und von daher dehnte er sein Verbundenheitsgefühl auf alle Kreaturen aus. Das hat mit Romantik und Sentimentalität nichts zu tun, denn sein Rückzug aus einer korrupten Welt war keine romantische Zuflucht in eine »heile Natur«. Es war vielmehr die Konsequenz der von ihm entdeckten »Demut Gottes«, die er darin sah, dass der Schöpfer sich in seinen Geschöpfen auf der Erde verströmte. Das lateinische Wort für Demut, die Tugend der »humilitas«, führt in ihrem Wortstamm den Begriff der Erde (A.Rotzetter 1999), wofür erst Jahrhunderte später feministische Theologinnen mit ihrer Rede »den Himmel erden« in deutscher Sprache einen Ausdruck fanden.

Auch das, was Albert Schweitzer nach langem theologischem Suchen die »Ehrfurcht vor dem Leben« nannte, war für Franziskus ein frageloses Grunderlebnis. Wie seine Biographen übereinstimmend berichten, redete er ohne jede Künstlichkeit mit allen Tieren, die ihm begegneten, weil er die Vögel – besonders Lerchen und Nachtigallen – als seine »Schwestern« und alle Waldtiere und sogar die Fische als seine Brüder betrachtete. Dies aber nicht in dem Sinn, wie es spätere Darstellungen verstanden, die ihn zeigen, wie er den Vögeln und Fischen »predigt« (Abb. 89).

Das franziskanische Lebensgefühl kontrastiert in jeder Weise mit der patriarchalen Selbstidentität, die sich im reinen Geist verankern will und im Kampf gegen das Barbarische und das Böse ihre Bestimmung sucht. Auch die Polarisierung von Männlichem und Weiblichem, die traditionell mit Über- und Unterordnung verbunden ist, setzt Franziskus außer Kraft. In seinem berühmtesten Gedicht, dem »Sonnengesang«, drückt er sich zwar in den herkömmlichen Geschlechtsmetaphern aus, was im Italienischen das männliche Geschlecht für die Sonne und das weibliche für den Mond bedeutet. Aber er spricht die kosmischen Erscheinungen nicht als »Vater« oder »Mutter« an, sondern mit »Bruder Sonne«, »Schwester Mond« und sogar »Schwester Mutter Erde« (sora nostra matre terre). Was in den deutschen Übersetzungen oft verloren geht, ist die weibliche Form des Todes in den romanischen Sprachen. Demzufolge begrüßt Franziskus den Tod als »unsere Schwester, den leiblichen Tod« (sora nostra morte corporale) (O.Karrer 1945). Damit macht er sich die Sterblichkeit zur Freundin, nicht zum Feind.

In allen seinen Schriften wird der Heilige nicht müde, die Friedenssuche als höchste Christenpflicht zu beschwören, und deshalb erhob er auch Einspruch gegen den Aufruf Innozenz III. zum Dritten Kreuzzug im Jahr 1215. Was für ein fundamentaler Gegensatz zum »Miles Christianus«!

Selbst wenn Franz von Assisi der Mission das Wort redet, meint er nicht den Kampf gegen die Ungläubigen oder die theologische Beweisführung für den Glauben, sondern die Überzeugung durch christliche Praxis nach dem Vorbild Jesu. Erkenntnis ohne Liebe hält er geradezu für ein Übel, und den Vertretern der Wissenschaft wirft er eitle Selbstgefälligkeit vor, wenn sie mit abstrakten Formulierungen einander übertrumpfen und sich vom konkreten Leben entfernen. Von den Predigern verlangt er eine schlichte, knappe Sprache, und doch vermochte er selbst seine ZuhörerInnen in einem Maß zu fesseln, das sich seine Mitbrüder nicht erklären konnten. Verantwortlich dafür müssen die unbedingte Übereinstimmung von innerer Haltung und gesprochenem Wort gewesen sein sowie seine Leidenschaftlichkeit ohne eine Spur von Hass. Auf solche Weise ist Franziskus ein echter Lebensträger, nicht in dem unmittelbar vitalen Sinn wie Christophorus, aber im psychisch-geistigen Sinn, in dem er Religion und ethisches Handeln untrennbar an das konkrete Leben bindet. Damit hat er das Männlichkeitsideal seiner Zeit durch das der Menschlichkeit ersetzt.

Die Abbildung 89 gibt die Radierung des italienischen Malers Giacomo Franco (1550–1620) wieder, die Franziskus im oberen Teil inmitten von Vögeln, im unteren Teil von Fischen umringt, zeigt. Dass seine Person, umstrahlt von der Glorie des Heiligenscheins, im Zentrum steht und hinter ihm der demütige Ruderer sitzt, hätte der »Poverello« mit Sicherheit nicht gut geheißen.

Dennoch ist diese Radierung, die Franz von Assisi inmitten von Vögeln *und* Fischen zeigt, eines der eher seltenen Bilder. Viel häufiger sehen wir ihn als Prediger zu den Vögeln, was der patriarchalen Bevorzugung der »Geistvögel« vor den »unteren Tieren« entspricht. Die adäquate Rezeption der franziskanischen Visionen ist wahrscheinlich erst aufgrund einer postpatriarchalen Geisteshaltung möglich, deren zögerlichen Beginn wir gerade erst erleben.

Das heißt allerdings nicht, die Persönlichkeit und das Leben des Franz von Assisi kritiklos zu idealisieren. Er selbst wusste, dass sein Charakter von Extremen geprägt war und dass es ihn die äußerste Anstrengung kostete, diese auf ein erstrebenswertes Lebensziel hin zu bündeln. Er machte sein eigenes Leben zu einem spirituellen Experiment mit bedingungslosem Einsatz, ohne es als Aufforderung zur Kopie zu verstehen. Aus heutiger Sicht stehen wir seiner übergroßen Leidensbereitschaft, die sich im Zeichen der Nachfolge Christi zur Leidenssehnsucht steigern konnte, fremd gegenüber.

Hingegen ist das Große und Bleibende an Franziskus, dass er auf jedes Feindbild verzichtete. So zuwider ihm Tyrannei, Hochmut und Gewalt auch waren, so verwarf er nie den einzelnen Träger von Herrschaft, so wenig wie er je zum Klassenkampf aufrief. Seine unerschütterliche Überzeugung war, dass nur die Kraft der Mitmenschlichkeit und der unbestechlichen Gerechtigkeit Veränderungen zum Besseren bewirken.

Auch sein Verhältnis zu den Tieren war ein echt brüderliches und entbehrte jeder Herablassung. So gibt es in den

Abb. 89 Fischpredigt, Giacomo Franco, Rom, Ende 16. Jahrhundert

Biographien über Franz von Assisi die Notiz, dass der Heilige das Reiten aus zwei Gründen verwarf: weil es das Tier zum Sklaven macht und weil sich der Reiter über die zu Fuß Gehenden erhöht. Aus eigener Anschauung hatte Franziskus in jungen Jahren das hochmütige Gebaren des Ritteradels kennen gelernt.

Ohne so weit zu gehen, das Reiten als solches für hochmütig zu halten, bleibt die franziskanische Wahrnehmung in mancher Hinsicht bemerkenswert. Heute erst realisieren wir im Verhältnis der Ersten zur Dritten Welt, wie anmaßend und herablassend Almosen sein können, wenn sie nicht den Ursachen von Armut und Elend auf den Grund gehen. Nur die Begegnung auf Augenhöhe wird einer anderen Kultur gerecht.

Der emanzipierte Mann auf der Suche nach neuer Identität

Neben der breit geführten Gleichstellungsdebatte wird über die Differenz der Geschlechter immer noch zu wenig unbefangen diskutiert. Dies scheint stets in die Sackgassen der alten, patriarchal konzipierten Geschlechterpolaritäten zu führen, was neue Einseitigkeiten hervorbringt. Auf der einen Seite werden alle »substantiellen«, auch biologischen Unterschiede geleugnet, auf der anderen Seite erneut biologistische oder psychologistische Unterschiede formuliert.

Findet sich das erste Extrem unter feministischen Positionen, so das zweite unter Soziologen und Psychologen. Die biologistische Theorie beruft sich auf die angeborene Gewaltbereitschaft des Mannes und gipfelt in der These, der männliche Vergewaltigungstrieb habe die Evolution der Arten vorangetrieben. Es gibt aber auch den psychologischen Ansatz, wonach die grundsätzlich verschiedenen seelisch-geistigen Veranlagungen der Geschlechter unüberbrückbar seien (A.Guggenbühl 1994). Tatsächlich lässt sich beobachten, dass die Verunsicherung der Knaben und der jungen Männer hinsichtlich ihres Selbstbildes weit größer ist als die der jungen Frauen. Im Zuge ihrer Emanzipation haben Frauen ein facettenreiches Bild ihrer Identität entwickelt, bei dem bisher getrennte Lebensbereiche wie Partnerschaft, Beruf und Mutterschaft als prinzipiell vereinbar empfunden werden, wenn die äußeren Rahmenbedingungen die Möglichkeit dazu schaffen. Dagegen wirkt die männliche Selbstsuche ausgesprochen ambivalent und noch wenig konturiert. Einerseits ist das Macho-Ideal nicht mehr akzeptiert, andererseits vermochte der »Softy« in seiner überbemühten oder passiv-langweiligen Form weder den Mann selbst noch seine Partnerinnen zu überzeugen. Neu entstandene Männergemeinschaften sind auf der Suche nach ihren verdrängten Gefühlen oder rekonstruieren ihre angeblich originale »wilde« Natur im Extremsport oder bei inszenierten Gruppenkämpfen.

Auch die Entdeckung, dass Männer »Mythen« brauchen und eine zündende kollektive Ideologie, während sich Frauen mit persönlichen Aufgaben und bei Auseinandersetzungen mit »psychologischen« Schlichtungen begnügen, ist wenig überzeugend. Alle Menschen und menschlichen Kollektive haben sich immer Mythen geformt, die ihrem Dasein mit allen seinen Gefährdungen Sinn verleihen sollten. Das ist die unausbleibliche Folge des menschlichen Reflexionsbewusstseins und wäre nur dann eine ausschließlich männliche Domäne, wenn man den Frauen das geistige Bewusstsein absprechen würde. Tatsächlich hatte dies die patriarchale Ideologie in philosophischer oder theologischer Version getan.

Fruchtbarer wäre es, sich Klarheit darüber zu verschaffen, was der Begriff Emanzipation eigentlich bedeutet: zum einen das Unabhängigkeitsstreben aus einseitigen Machtverhältnissen und intellektuellen Dogmen jeder Art, wie es die Aufklärung forderte; zum zweiten die Befreiung aus Rollenzwängen, seien sie klassen- oder geschlechtsbedingt. Wie stark die Zwänge der Geschlechterrollen mit den herrschenden Denkstrukturen zusammenhängen und es daher auch um die »Entideologisierung« des patriarchalen Weltbilds geht, das wurde bisher nur von weiblichen, kaum aber von männlichen Emanzipationsbewegungen wahrgenommen. Das vielzitierte Wort, dass man nicht als Frau geboren, sondern zur Frau gemacht wird (Simone de Beauvoir), ist im Parallelfall, als Mann nicht geboren, sondern dazu gemacht zu werden, noch nicht genügend analysiert. Dazu würde die Entideologisierung der gängigen Zielvorstellungen und Motivationen für männliche Lebensentwürfe gehören.

Das heißt nicht, die Geschlechtsunterschiede gänzlich zu verwischen, wie dies bei der heutigen »Genderforschung« bisweilen der Fall zu sein scheint. Die biologischen Geschlechtsunterschiede, die sich an anatomischen und physiologischen Besonderheiten festmachen lassen, sind ja nicht zu leugnen. Doch sagen sie weniger über das durchschnittliche, psychisch gesteuerte Verhalten aus, als uns eine biologistische – und oft bereits ideologisch eingefärbte – Wissenschaft beweisen will.

Wenn etwa die größere Aggressionsbereitschaft des Mannes unmittelbar aus seinem Hormonhaushalt oder seiner Muskelkraft hergeleitet wird, so bleiben dabei die grundsätzlichen Unterschiede zwischen Aggression, Gewalt und Destruktivität unberücksichtigt. Diese ergeben sich zwangsläufig daraus, dass die menschliche Evolution immer auch eine kulturelle Evolution darstellt, sobald sie an das bewusste Selbstverständnis des homo sapiens gebunden ist.

Rein biologisch gesehen ist das durchschnittliche Aggressionspotential bei unseren nächsten tierischen Verwandten stärker an die Männchen gebunden, wenn es um die Rangordnung und die Rivalität um Weibchen geht. Doch behaupten in manchen Tiergemeinschaften die Weibchen zwar weniger drastisch, aber nicht weniger zielstrebig ihre Führungsrolle (etwa die Wölfinnen, die andere gebärfähige Weibchen vertreiben) oder verteidigen Muttertiere ihre Jungen mit größter Aggressionskraft. Die Verwirrung entsteht, wenn wir menschliche Motivationen in die Interpretation des tierischen Verhaltens unbewusst hineinnehmen und darin das menschlich-männliche Streben nach Herrschaft und Grandiosität zu erkennen glauben.

Der Anspruch auf »Grandiosität«, ohne den die »männliche Seele« angeblich nicht leben kann (A.Guggenbühl 1994), wäre nicht aus evolutionärer, sondern aus entwicklungspsychologischer Sicht zu interpretieren. Bekanntlich sprach Freud vom »Allmachtsanspruch« des Kindes, der sich im Laufe des Reifungsprozesses vom Realitätsanspruch korrigieren lassen müsse. Dabei sind die Größenansprüche inhaltlich von den kulturbedingten Geschlechtsbildern geprägt, sodass sich pubertierende Knaben eher als Entdecker und als Träger militärischer oder wissenschaftlicher Orden sehen, während sich Mädchen bevorzugt eine Starrolle auf künstlerischem oder königlichem Parkett erträumen.

Meist können es sich junge Männer länger leisten, ihren pubertären Größenphantasien nachzuhängen, weil für sie eine lange Ausbildungszeit unter Beanspruchung der mütterlichen Infrastruktur immer noch selbstverständlicher ist als für junge Frauen. Dazu kommt die oft mit Selbstgefälligkeit vorgetragene Rede vom »Kind im Mann« oder die – weniger rühmliche – Aussage des Dichters: »Wir alle bleiben kleine Buben. Nur die Mädchen werden erwachsen« (J. Anouilh 1956).

Vom Streben nach »Grandiosität« oder Ruhm ist allerdings das Streben nach einem Sinnhorizont für das eigene Leben und für das der Weltgemeinschaft abzugrenzen. Sinnvolle Tätigkeit braucht jeder erwachsene Mensch, wenn er nicht seine Selbstachtung, seine soziale Identität und seine Lebensfreude verlieren will. Aber sinnvolle Tätigkeiten mit einem weiten kulturellen Horizont sind auch ohne grandiose Spekulationen und ohne den Bonus von »unsterblichem« Ruhm erstrebenswert.

Wie schon erwähnt, stellen nicht nur kulturkritische Feministinnen fest, dass das männliche Streben nach besonderen Leistungen und nach Prestige zum Teil als Kompensation eines tief verdrängten Neids auf die weibliche Lebenskreativität zu interpretieren ist (J.Weizenbaum 2001). Dies wäre der bewussten Wahrnehmung des Säugetiererbes zuzuschreiben, wonach die enge und lange Mutter-Kind-Bindung eine zentrale Rolle im Sozialverband darstellt. Allerdings ist darauf hinzuweisen, dass gerade die menschliche Fötal- und Säuglingszeit vom animalen Schema prinzipiell abweicht, weil die 9-monatige »Tragzeit« nur einen »zu früh geborenen Fötus« erlaubt. Der große Gehirn- bzw. Schädelumfang könnte später den Geburtskanal nicht mehr passieren, und daher ist das Menschenkind auf eine ca. 10-monatige »extrauterine Schwangerschaft« (A.Portmann 1973) angewiesen, bis es sich selbstständig fortbewegen kann. Wie emanzipierte Väter demonstrieren, können auch Männer diese zweite Hälfte der »Tragzeit« übernehmen, sodass Elternschaft von der Geburt des Kindes an nahezu gleichgewichtig erfüllbar ist. Und nicht nur dies. In jüngster Zeit häufen sich die Aussagen von Männern unter 40 Jahren, Kinder seien das Beste in ihrem Leben.

Weibliche und männliche Emanzipation bedingen sich gegenseitig. Ohne die Bereitschaft der Männer, ihren Part in der häuslichen Pflege zu übernehmen, können sich Frauen beruflich nicht entfalten, noch können sich Männer konkret für ihre Kinder engagieren, wenn Frauen ihre Mutterdominanz nicht loslassen.

Die oft geäußerte Befürchtung, dass bei reziproker Arbeitsteilung und immer größerer Durchlässigkeit zwischen »männlichen« und »weiblichen« Berufen die geschlechtsspezifische Ausstrahlung und damit die erotische Anziehungskraft verloren gingen, ist wenig stichhaltig. Die männliche Ausstrahlung leidet mit Sicherheit nicht, wenn die persönliche Lebensenergie sich nicht mehr nur abstrakten Themen, sondern auch vitalen und emotionalen Aufgaben zuwendet. Und sobald Frauen in Führungspositionen keine Einzelkämpferinnen mehr sind, die sich dem männlichen Machtgehabe anpassen müssen, werden sie mühelos ihre weibliche Lebenserfahrung und ihren Kommunikationsstil praktizieren.

Es ist aber noch einmal auf das Problem der Aggressivität zurückzukommen, das seit langem auf der Agenda aller sozialpolitischen Debatten steht. Dabei wiederholen sich immer dieselben Argumentationsmuster und Blindheiten im toten Winkel einseitiger Perspektiven. Dazu gehört die hartnäckige Leugnung der empirisch belegten Tatsache, dass Gewaltvideos oft Auslöser gewalttätigen Verhaltens sind. Viele Psychologieexperten gehen davon aus, dass Gewaltbilder auch der Aggressionsabfuhr dienen, und übersehen dabei, dass vitale Abreaktionen nur real, nicht bloß virtuell ihre

Wirkung erzielen. Dazu kommt, dass die Wahrnehmung gewalttätiger Szenen bei allen KonsumentInnen eine abstumpfende Wirkung auf das spontane Mitgefühl haben und die Bereitschaft zum Schutz des Opfers verringern. Generell werden die kulturellen Hintergründe für destruktives Verhalten vernachlässigt und nur die familiär bedingten Kindheitstraumata ins Visier genommen.

Meines Erachtens wäre auf die Schere zwischen dem ständig höher »gestyltem« Anspruchsniveau und dem mangelnden Durchhaltevermögen unter Jugendlichen aufmerksam zu machen. Wenn sie dauernd zu höheren materiellen Ansprüchen und dem dazugehörigen Sozialprestige angestachelt werden, aber zugleich nicht über die nötige Begabung und/oder über die nötige Leistungskraft verfügen, so bleiben sie bei der Realisierung ihrer Selbstideale auf der Strecke. Solche existentiellen Frustrationen lassen sich auf verschiedenen (Ab-)Wegen kompensieren: als Flucht in die Depression, in die Welt der Drogen und anderer Süchte oder durch die nach außen ausbrechende Destruktivität.

Die jüngsten Beispiele jugendlicher oder auch älterer Amokläufer verdeutlichen, wie eng die Aggression gegen sich selbst bis hin zum Selbstmord und die Zerstörungswut nach außen bis hin zum Mord miteinander zusammenhängen. Am erschreckendsten zeigt sich das, was Erich Neumann die »Verzweiflungsaggression« genannt hat, an den Selbstmordattentaten, die immer häufiger auch von Frauen begangen werden. Vorwiegend männlich ist hingegen (bis jetzt) die Gruppendestruktivität jugendlicher Gangs, bei denen die individuelle Aggressionshemmung dem Gruppendruck weicht. Dies hat auch mit der kollektiven Erziehung der Knaben zu tun, sich in männliche Hierarchien einzuordnen.

Jedenfalls bedeutet Destruktivität das pure Gegenteil von Kreativität. Sie ist vielmehr als blinde Panikhandlung zu werten, die gegenüber der depressiven Resignation immerhin noch den Vorteil der Eigenaktivität zu bieten scheint.

Auch haben individuelle Destruktivität und »Terrorismus« mit Krieg wenig zu tun. Kriege werden aus imperialem Machtanspruch und kühler Berechnung inszeniert und mit kollektiven Idealen nur notdürftig kaschiert. Dennoch waren die Gestalten, welche die Geschichtsschreibung als leuchtende Kriegshelden feierte, zum großen Teil pathologische Individuen. Das fängt bei Alexander dem Großen an und reicht über Napoleon bis zu den eindeutig größenwahnsinnigen »Führern« Hitler und Stalin und ihren Nachahmern in der Dritten Welt. Leider ist diese Reihe vermutlich noch nicht abgeschlossen.

Für den individuellen Mann, der freiwillig oder gezwungen in den Krieg zieht, hat die Bestimmung des Kriegers immer ein Janusgesicht: Einerseits soll er kämpfen wie ein Rambo und seine Tötungshemmung im Kampfesrausch vergessen, andererseits soll er seine »Pflicht« tun und sein Leben nötigenfalls »auf dem Altar des Vaterlandes« opfern. Damit wird er, psychologisch gesehen, in eine Art Sadomasochismus verstrickt, der ihn gleichzeitig zum Schlächter und zum Märtyrer macht, in Wirklichkeit aber in eine tiefe psychische Verwirrung stürzt. Noch aber gibt es keine umfassenden Studien zu den psychischen Kriegsschäden von Veteranen.

Die Ablehnung einer kollektiven Anstachelung zum Märtyrertum heißt jedoch nicht, die konsequente Haltung von Menschen im Widerstand gegen unmenschliche Diktaturen gering zu achten. Es gab immer Menschen und wird sie hoffentlich auch künftig geben, die sich weigerten, einen unmenschlichen Befehl auszuführen, auch wenn sie damit das eigene Leben riskieren. Dies entspringt aber nicht irgendeinem »abstrakten Enthusiasmus«, sondern der konkreten Liebe zum Leben und der Verantwortung für dessen Schutz (Agnes Heller 1981).

Auch im zivilen Bereich ist davon die Rede, dass sich Menschen einem hohen Ziel verschreiben oder »weihen«, wobei in dieser Wortwahl ebenfalls sakrale Opfervorstellungen mitschwingen. Nüchterner, doch nicht mit weniger Engagement sollten wir vom Einsatz für humane Ziele ausgehen, welcher den eigenen Neigungen und Fähigkeiten entspricht. Wenn Idealismus und Altruismus Talente zur Basis haben, stehen sie der eigenen Persönlichkeitsentwicklung nicht entgegen. Die ganze Egoismus-Altruismus-Diskussion wird müßig, sobald wir die Personen oder die Aufgaben, für die wir uns engagieren, so ernst nehmen und lieben, dass wir uns mit ihnen identifizieren. Von daher werden persönliche Auszeichnungen mindestens ebenso als ein Plädoyer für die gute Sache wie als Selbstbestätigung wahrgenommen.

Eine emanzipierte Wissenschaft als Mitträgerin des Lebens

Während in den patriarchalen Hochreligionen und philosophischen Systemen die männliche Selbsterhöhung relativ offen zutage tritt, bleibt sie in den Naturwissenschaften weitgehend unsichtbar. Meist bedienen sich offizielle Forschungsberichte eines objektivistischen, vorsichtig bescheidenen Stils, und machen sich Grandiositätsvorstellungen eher in privaten oder populären Aussagen bemerkbar. Es gehört aber zur Selbstdarstellung wissenschaftlicher Gesellschaften, ihre Forschungen mit den größten Zukunftshoffnungen für die Menschheit zu verbinden und die Gefahren neuer Technologien zu unterschätzen oder bewusst in Kauf zu nehmen. Selbst ein so kritischer Denker wie *Karl Popper* ließ sich zu der Aussage hinreißen, »das grandiose Abenteuer Wissenschaft« gehöre zu den höchsten menschlichen Werten und dürfe deshalb in keiner Weise beschnitten werden (K.Popper 1973).

Schon seit ihrem Beginn bei *Francis Bacon* gibt es den »Mythos« Wissenschaft, von dem wir uns erst langsam zu lösen beginnen. Noch immer fällt es vielen Forschern schwer, ihren Wissens- und Wahrheitsanspruch zu relativieren und sich dem ethischen Konsens der »Laiengesellschaft« zu unterziehen. Dahinter verbirgt sich ein doppeltes Missverständnis: Zum einen ist die Vorstellung einer »wertfreien« Wissenschaft prinzipiell irreführend, weil es keine menschliche Tätigkeit gibt, die nicht von Zielen, Erwartungen und Wünschen motiviert wird. Und dabei handelt es sich um qualitative Wertentscheidungen, die sich rein rational nicht begründen lassen. Zum andern gibt es in Sachen Moral und dem, was man für das gute Leben hält, keine eigentlichen Experten, und zwar weder in der Wissenschaft noch in der philosophischen Ethik. So genannte Ethikkommissionen können die Werthaltigkeit von Problemen und deren mögliche Konsequenzen nur präzise beschreiben und offen legen, nicht jedoch einen strikt zu befolgenden Kurs für die Gesellschaft festlegen.

Besonders diejenigen Disziplinen, die sich selbst »Lebenswissenschaften« nennen, müssen sich kritisch befragen lassen, wie sie es mit dem Leben halten. Seit sich die Spitzentechnologien der Biowissenschaften in beschleunigtem Tempo entwickeln, werden sie für den Laien immer undurchschaubarer. Dabei bestünde großer Bedarf an grundsätzlichen Überlegungen:

Was für eine Medizin wollen wir überhaupt? Begrüßen wir die Lebensverlängerung um jeden Preis? Halten wir die immer umfangreicheren Organtransplantationen für wünschenswert, wenn voraussichtlich nie genügend freiwillig gespendete Organe vorhanden sein werden? Wollen wir wirklich, dass Sterbende so rasch wie möglich von ihren Angehörigen getrennt werden, um ihnen sämtliche inneren Organe, Augen und bald auch Gliedmaßen zu entnehmen? Dass keine Zeit mehr bleibt für den emotionalen Abschied und eine würdige Bestattung, für die immer weniger vom toten Leib übrig sein wird?

Manche Forscher scheinen sich darüber keine Gedanken zu machen. In den USA wird seit längerem daran gearbeitet, das Gesicht eines Verstorbenen einem Kopfverletzten zu transplantieren oder ganze Köpfe von Körpergelähmten an die intakten Körper von Hirntoten anzunähen. Wie müssen sich die nächsten Bezugspersonen fühlen, wenn ihnen das Gesicht des Betrauerten an einer fremden Person begegnet oder sie den vertrauten Kopf mit einem fremden Körper zurückerhalten?

Noch mehr Vorstellungskraft fordern die Probleme der modernen Reproduktionstechnologie und der Forschung mit den Grundsubstanzen des beginnenden Lebens. Auf diesem Gebiet schreitet die Forschung derart schnell voran, dass jeder Parlamentsbeschluss schon überholt ist, bevor er überhaupt in Kraft tritt. So gibt es plötzlich »überzählige« Embryonen, obwohl es gesetzlich vorgeschrieben war, nur so viele Embryonen in Vitro zu erzeugen, als einer Frau eingepflanzt werden können. Und kaum wird die Erlaubnis erwogen, von den verwaisten Embryonen Stammzellen zu entnehmen, statt sie zu vernichten, überschlagen sich die Ambitionen der Forscher, die Quellen des Lebens ihren ehrgeizigen Zielen nutzbar zu machen. Bis vor kurzem wurde als erstrebenswertes Ziel die Gewinnung von Stammzellkulturen genannt, um Ersatzgewebe für erkrankte Organe zu züchten. Nun tritt bereits die Gewinnung von Ei- und Samenzellen aus embryonalen Stammzellen in den Bereich des Möglichen, sodass die künstliche Herstellung von Embryonen und deren Manipulation zur Routine werden könnte.

Ähnlich aggressiv verläuft die Entwicklung der außerhumanen Gentechnologie zur Veränderung pflanzlichen und tierischen Erbguts, wobei es offiziell um die Behebung des Hungers in der Welt geht, in Wirklichkeit um neue Produkte und neue Absatzmärkte für den unstillbaren Hunger der kapitalistischen Wachstums- und Profitmaschinerie. Daran scheiden sich die Geister unter den WissenschaftlerInnen in Befürworter und Kritiker. Stellten die Letzteren bis vor kurzem eine kleine Minderheit dar, so mehrt sich die Zahl der Kollegen, die den optimistisch-bedenkenlosen Fortschrittsglauben nicht mehr teilen.

So ist in jüngster Zeit von einer »grünen Chemie« die Rede, die sich um unschädliche Abbaumethoden und umweltgerechte Abbauprodukte bemüht. Besonders für die biologische Landwirtschaft gibt es ermutigende Beispiele, von denen eines der glänzendsten das Projekt »Biovision« von H.R. Herren, dem Direktor des Internationalen Insektenforschungsinstituts (ICIPE) in Nairobi ist. Was hier in Afrika mit rein biologischen Mitteln für die Ernährung einer ganzen Region erreicht wurde, könnte ein Schlüssel zur weltweiten Bekämpfung des Hungers sein.

So zeichnet sich ein Paradigmenwechsel innerhalb der Lebenswissenschaften ab, bei dem überholt geglaubte Methoden zu neuen Ehren gelangen: die exakte Beschreibung und die umfassende Beobachtung sämtlicher Lebewesen einer Region. Damit werden die wechselseitigen Beeinflussungen zwischen den Pflanzenarten, zwischen Pflanzen und Tieren und zwischen einzelnen Tierarten erforscht sowie die Einwirkungen des Klimas und der menschlichen Eingriffe auf das gesamte Biotop. Diese ganzheitliche, im eigentlichen Sinn ökologische Methode wurde lange der Unwissenschaftlichkeit verdächtigt und daher vernachlässigt. Heute zeigt sich immer deutlicher, dass neben den nach wie vor wichtigen Spezialforschungen die Zusammenschau aller biologischer Faktoren für eine nachhaltige Entwicklung entscheidend ist. Zum Teil findet ein Paradigmenwechsel auch bei den Ingenieurwissenschaften statt, wenn man anstelle der bisherigen Großprojekte einer Vielzahl von kleineren sich ergänzenden Kraftwerken den Vorzug gibt.

All dies bedeutet einen Emanzipationsprozess aus dem Machbarkeitsmythos der Naturwissenschaften. Man beginnt zu begreifen, dass die klassische Einteilung der Welt in die Subjekte der Forschenden und in die letztlich toten Objekte der Natur der Wirklichkeit nicht gerecht wird. Auch unserer Mitwelt – jedenfalls einem großen Ausschnitt der Tierwelt – ist ein Subjektstatus nicht abzusprechen. Und selbst die kleinsten Einheiten des pflanzlichen und tierischen Lebens besitzen ein Minimum an Aktivität und Selbststeuerung.

Emanzipation der Wissenschaft vom hausgemachten Fortschrittszwang würde allerdings auch die Distanz gegenüber wirtschaftspolitischen Zwängen bedeuten. Die vielzitierten Schlagworte vom »Wissenschaftsstandort« und dessen Einfluss auf den Wirtschaftsstandort eignen sich weder als wissenschaftliche noch als ethische Auswahlkriterien. Leider beharren immer noch prestigehungrige Auftraggeber auf der Ausführung offensichtlich umwelt- und sozialschädlicher

Mammutprojekte, wofür der Drei-Schluchten-Staudamm in China ein unrühmliches Beispiel ist. Selten zeigt sich die Menschenverachtung eines grandiosen Vorhabens so deutlich wie hier, wenn die Verelendung von anderthalb Millionen Menschen (zu deren »Umsiedlung« gar keine Böden vorhanden sind) und unabsehbare Umweltschäden in Kauf genommen werden.

Auf stillere Weise scheint sich auf dem weltweiten Arbeitsmarkt die pessimistische Prognose von der »Antiquiertheit des Menschen« (Günter Anders 1960/1980) zu erfüllen, nachdem Arbeiter und Angestellte immer weitgehender durch Computerprogramme zu ersetzen sind. Zudem ist der enorme Zeitdruck in Richtung Innovation und Rentabilität mit einer demokratischen Entscheidungsfindung immer weniger kompatibel. Bald könnten sich auch unsere hart errungene demokratische Staatsform und mit ihr der Begriff des »Citoyen« als antiquiert erweisen. An diesem Punkt sind die VertreterInnen aller wissenschaftlichen Disziplinen dazu aufgerufen, die zivile Freiheit zu verteidigen, wenn sie den Anspruch, die intellektuelle Elite zu sein, nicht verlieren wollen.

Schlussgedanken

Die Quintessenz aus dem ersten Teil des Buches, bei dem es um die Verherrlichung von Gewalt geht, ist in dem Satz zusammenzufassen: *Das Böse gibt es nicht.* Destruktiviät kann weder als Naturgegebenheit noch als Urzustand der menschlichen Gesellschaft verstanden werden. Tiere verhalten sich zwar beim Schlagen ihrer Beute oder bei Rivalitätskämpfen innerhalb der sozialen Gruppe mitunter brutal, aber nicht grausam. Destruktive Gewalt und Sadismus setzen das menschliche Bewusstsein voraus, weshalb wir sie weder bestialisch nennen noch unseren Genen anlasten können.

Nur der Mensch hasst sich selbst und Seinesgleichen, wenn er für sein Leben keinen Sinn und für seine Identität keinen sinnvollen Platz in der menschlichen Gemeinschaft findet. Auch die Ausdrucksformen von Destruktivität sind nicht spontan, sondern reaktiv und oft von langer Hand geplant. Doch können die Motivationen für destruktive Reaktionen sehr unterschiedlich sein: Sie sind im Erlebnis von persönlichen Demütigungen und deren Rache zu suchen, in Selbstzweifeln bis hin zu existentieller Verzweiflung, die in blinde Selbst- oder Fremdzerstörung mündet, oder in der Identifikation mit einer allgemeinen Gewaltideologie.

Unter den *Gewaltideologien* sind verschiedene Grade der Gefährlichkeit zu unterscheiden, je nachdem, ob sie rational oder irrational begründet werden. Rational durchschaubar ist der *Machiavellismus*, der von etablierten und unvermeidlichen Herrschaftsverhältnissen ausgeht und sich darin möglichst vorteilhaft bewegen will. Dabei sind Gewalt und Krieg Mittel zu einem scheinbar von außen aufgezwungenen Zweck. Aus dieser politischen Perspektive gibt es nur die Wahl, entweder Hammer oder Amboss zu sein, doch führt die jüngste Entwicklung von Massenvernichtungswaffen diese Logik ad absurdum. Das globale Vernichtungspotenzial hebt die Unterscheidung zwischen Siegern und Besiegten letztlich auf.

Der Aufbau militärischer Macht diente von jeher entweder der Eroberung anderer Länder und der Aufrechterhaltung ungerechter Herrschaft im Inneren oder der Prävention gegenüber realen oder auch nur befürchteten Bedrohungen. Bei der Präventionsidee schwingen oft irrationale Ängste mit, die sich auf die vorweggenommenen Rachegefühle der Unterdrückten oder Benachteiligten beziehen.

Um aber die Untertanen zum Kampfeswillen zu bewegen, braucht es neben realen auch ideelle Gründe. Soldaten setzen ihr Leben nur bei guter »*Kampfmoral*« ein, das heißt, wenn sie davon überzeugt sind, für eine gute Sache zu kämpfen. Die Kriegsherren aller Zeiten haben sich für diese moralische Rechtfertigung auf einen göttlichen Auftrag berufen. Sie nannten sich Könige und Kaiser von Gottes Gnaden, die Vollstrecker eines göttlichen Gerichts oder die Vollzieher einer weltgeschichtlichen Notwendigkeit. Ob im Namen (nicht im Sinn!) der jüdischen, der christlichen oder der muslimischen Religion, im Namen des »deutschen Wesens«, an dem die Welt genesen soll, als Kämpfer für die kommunistische Weltrevolution oder als Kulturbringer der weißen Zivilisation – immer ist es der irrationale Glaube an die eigene, sakral aufgeladene Mission, welcher die mitmenschlichen Gefühle und die Tötungshemmung außer Kraft setzt. Wenn das eigene Schwert von Gott oder dem Weltgeist geführt wird, so ist es ein Verdienst, den Feind als das Böse zu hassen und zu vernichten.

In der christlichen Tradition ist der priesterliche Segen der Waffen der prägnanteste und zugleich absurdeste Ausdruck für die Heiligsprechung des Krieges. Denn wenn dies auf beiden Seiten der sich bekämpfenden Truppen geschieht, so ist *Napoleons* zynische Bemerkung angebracht, Gott halte es mit den stärkeren Bataillonen. Das eigentlich Paradoxe liegt aber darin, dass sich Zynismus und ideologische Verblendung nicht ausschließen, jedenfalls wenn man Ideologien nicht mit Idealismus verwechselt. Im Idealismus hat der Zynismus keinen Platz; Idealismus steht höchstens in spannungsvollem Gegensatz zum Realismus, was zu einer immer neuen Gratwanderung für verantwortliche Politiker wird. Dagegen hat Ideologie im Vorhinein nichts mit Realismus zu tun, sondern vielmehr mit einem grundsätzlichen Realitätsverlust. Unter dem Schleier einer irrationalen Ideologie, die sich als Idealismus tarnt, sind zynische Machtspiele sehr wohl möglich.

Die politologische Analyse *Robert Kagans* greift m.E. zu kurz, wenn er das amerikanisch-europäische Verhältnis nur unter dem Gesichtspunkt von Macht und Ohnmacht sieht bzw. den europäischen Idealismus als einen Luxus, den man sich nur unter der Schirmherrschaft amerikanischer Machtpolitik leisten kann. Diese Analyse trifft zwar zum Teil auf Europa zu, nicht aber auf Amerika, das seinen Idealismus angeblich mit einem realistischen Machtinstinkt verbindet. Die Politik Amerikas ist von Anbeginn nur verständlich vor dem Hintergrund der religiösen Idee, in der Neuen Welt ein Neues Israel (Reich Gottes) aufzurichten.

Die Wortwahl von Präsident *George Bush jun.*, mit der er den »American way of life« für den besten aller Zeiten hält, unterscheidet sich nur wenig von derjenigen der Pilgerväter. Auch die Bushregierung könnte Volk und Parlament nicht für die »Kriege« gegen den Terrorismus oder die einseitige Aufkündigung des Atomsperrvertrags gewinnen, wenn nicht in der Bevölkerung das Bewusstsein von der religiös-moralischen Sendung Amerikas verwurzelt wäre. Heute sprechen Kritiker von der »Pax Americana« in Anlehnung an die zynisch verstandene »Pax Romana«, doch auch dabei ist daran zu erinnern, dass die römischen Herrscher neben ihrem Zynismus auch der Ideologie von der »Roma aeterna«, der »Göttin Rom« huldigten.

Das einzige Mittel gegen den sakral aufgeladenen Mythos

von Gewalt und damit auch zur Unterscheidung zwischen Idealismus und Ideologie ist eine *fortgesetzte Aufklärung*. Aufklärung hier nicht nur als Sieg der Vernunft über den Aberglauben verstanden, sondern als eine fortwährende geistige Reflexion im Sinn der kritischen Rückschau auf die eigenen Kopfgeburten.

Heute wissen wir, dass die Leistungen unseres Gehirns über die Abrufung gespeicherter Bilder funktionieren. Jeder Denkakt ruft Vorstellungen ab, zusammengesetzt aus Erinnerungen und assoziativen Verkettungen, denen optische Bilder, Klang- und Wortbilder, Raum-, Tast- und kinästhetische Sensationen zugrundeliegen. Zugleich zeigt die Neurophysiologie, dass unser Denken zwar im Gehirn beginnt, dass aber der ganze Körper mit seinem nervösen Gedächtnis an unseren inneren Bildern beteiligt ist. »Reines Denken« ohne Empfindungen und Emotionen ist eine Illusion.

Aus diesen Gründen können wir kein aufklärendes Licht in unsere Ideologien bringen, ohne die Bilder kritisch zu betrachten, welche unsere Ideologik (von »eidos-Bild« und »logos-Sprache«) formen. Dabei ist Aufklärung im Sinn von Bilderhellung schon deshalb ein nie abgeschlossener Prozess, weil wir uns sprachlich nur über Metaphern verständigen können, sobald wir über abwesende oder nicht greifbare Dinge sprechen. Dies ist gleichsam die geistige Sisyphos-Arbeit, die uns als sinnsuchenden und reflexionsfähigen Wesen zufällt.

Sigmund Freud hatte noch gehofft, dass sich der von Thomas Hobbes postulierte Urzustand des Kampfes aller gegen alle mit dem zivilisatorischen Fortschritt eindämmen ließe. Er setzte auf die rationalen Wissenschaften und die gleichzeitige Entfernung von unserer Triebstruktur, die unseren angeborenen »Todestrieb« schwächen würde. Doch bekanntlich war das Gegenteil der Fall: Unsere technischen Kopfgeburten haben seither das destruktive Potenzial tausendfach erhöht.

Dagegen kann eine Aufklärung, welche die emotionale

Vernunft einbezieht, auf einige Erfolge hinweisen. Im Gegensatz zur Antike und zur Kolonialzeit halten wir heute Sklaverei für unmenschlich, wenn sie auch in weniger sichtbaren Formen weltweit noch immer nicht überwunden ist. Ähnliches gilt für die Todesstrafe, die in den meisten zivilisierten Staaten abgeschafft wurde und nur dort weiterbesteht, wo sie einen religiös-ideologischen Hintergrund hat. Vielleicht hätte man vor 100 Jahren die Tatsache als idealistischen Wunschtraum verlacht, dass sich die europäischen Völker nicht mehr als Todfeinde bekriegen oder dass sich die verschiedenfarbigen Völker nicht mehr als getrennte »Rassen« missverstehen, sondern als verschiedene Ausprägungen der einen Menschenart mit der gleichen Würde und der gleichen Fähigkeit zur Vernunft.

Deshalb sollte es auch möglich sein, die patriarchalen Ideologien mit ihren Gewaltbildern zu dekonstruieren und ihnen damit ihre irrationale Triebkraft zu entziehen. Wie wir gesehen haben, ist das Idolbild des Drachenkampfes die Rechtfertigung für patriarchale Dominanz und zugleich für die Unterwerfung der Natur. Dies entpuppt sich als ein Phantasma des männlichen Geistes, den wir allzulange mit dem göttlichen Geist verwechselt haben.

Wenn die Quintessenz aus dem zweiten Teil des Buches gezogen werden soll, so besteht sie im Plädoyer für ein alternatives Männlichkeitsideal. Die darin vorgestellten Bilder gerieten zwar in Vergessenheit oder wurden nicht mehr verstanden, doch kann ihre Wiederbelebung dazu dienen, ein altes Erbe ins Bewusstsein zu heben und es mit neuen Einsichten zu verbinden. Im Bild des Lebensträgers kann sich auch der moderne Mann wiederfinden.

Mit den Bildern scheint es sich zu verhalten wie mit den Affekten. In seinem großen ethischen Werk hielt *Spinoza* mit Blick auf die menschlichen Gefühle fest, dass Affekte nur durch Affekte besiegt werden können. Es ließe sich auch sagen: Starke Motive sind nur durch ebenso starke zu ersetzen. Da wir aber unsere emotionalen Motive nur über Metaphern mitteilen können, tragen wir immer, wenn auch unbewusst, Leitbilder mit uns herum. Diese können mit demagogischer Absicht jederzeit wachgerufen werden, was die moderne Werbung vorzüglich auszunützen versteht.

Gegen Demagogie – und das heißt gegen den Missbrauch von Ideen und Bildern – sind wir nur gefeit, wenn wir sie gleichzeitig mit scharfem Verstand und mit hellwachem Gefühl prüfen. Ein Verstand, der sich als der alleinige Herr im Hause wähnt, lässt sich über das Unbewusste umso leichter manipulieren. Nur diejenigen, die sich auf differenzierte Weise über ihre Gefühle im Klaren sind, können wahrnehmen, auf welcher Gefühlsklaviatur die DemagogInnen spielen (A.Heller 1981).

Deshalb ist auch bei der Herausbildung neuer Leitbilder kritische Wachsamkeit am Platz. Gegenwärtig ist die Farbe Grün eine mächtige Metapher, die sich Umweltbewegungen und sogar Parteien zum Wahrzeichen erkoren. Der »Grüne Mann« und die »Grüne Frau« sind aus ihrem folkloristischen Schlummer zu veritablen StaatsbürgerInnen erwacht. Dabei setzt sich die heutige Verantwortlichkeit für den Erhalt der Umwelt einerseits aus rationalen Erkenntnissen und andererseits aus einem neuen, spirituellen Verhältnis zur Mitwelt zusammen. Aus der zweiten Komponente erklärt sich das große Interesse für indigene Kulturen und sogar für die mittelalterliche Naturmystik. Das muss aber nicht zur Schwärmerei und schon gar nicht zu einer Art Blut- und Boden-Romantik führen. Hinter diesen verbergen sich stets narzisstische Motive auf individueller oder kollektiver Ebene. Hingegen lösen tiefe, mitweltbezogene Einsichten immer auch Begeisterung aus, und das ist die tragende Kraft bei der Realisierung gesellschaftlicher Veränderungen.

Wenn dann zur lebensbejahenden Metapher »Grün« noch die von »*Greenpeace*« tritt, so ergibt dies vor der Kulisse der patriarchalen Symbolik einen geradezu revolutionären Metaphernwechsel. Sicher verdankt die Organisation Greenpeace ihre Beliebtheit bei der jungen Generation zum Teil dem Motiv der Abenteuerlust, doch bildet die Idee des gewaltlosen Widerstands als Mittel zur Durchsetzung humaner Ziele eine wirklich neue Errungenschaft. Nach den großen Vorbildern Gandhis und Luther Kings bildet sie die Basis aller regierungsunabhängiger Organisationen, deren Zahl sich heute auf viele Hunderte beläuft. Dies weckt die Hoffnung, dass eine globale Zivilgesellschaft auf lange Sicht möglich sein wird.

Noch bestimmen freilich die »Militärgesellschaften« und die nicht weniger aggressive neoliberale Marktgesellschaft die globale Politik, doch können sie dies nur so lange, als sich Menschen von deren Ideologien überzeugen lassen. Sobald sich die Ehrfurcht vor dem Leben als Leitbild vor das Streben nach Macht und nach Erfolg um jeden Preis schiebt – und dies bei beiden Geschlechtern –, so verlieren die Bilder der Destruktivität ihre Anziehungskraft. Friede ist möglich, weil Kriege zu unseren selbstverschuldeten Leiden gehören.

Hingegen muss die Verringerung der naturbedingten Leiden immer ein humanes Ziel bleiben, was aber nur im Zusammenspiel mit der Natur und nicht im Kampf gegen sie gelingen kann. Auch dann gibt es immer noch einen tragischen Rest, weil das perfekte Leben einen Widerspruch in sich selbst darstellt. »Perfekt«, das heißt »zu Ende gebracht«, wäre nur der Tod zu nennen, während die Evolution des Lebendigen gerade aufgrund ihrer Fehlerspielräume voranschreitet. Dies zu akzeptieren und durch eine mitfühlende Solidargemeinschaft erträglicher zu machen, ist zwar eine bescheidene, aber realisierbare Fortschrittsvision.

Literatur

Anders, Günter: Die Antiquiertheit des Menschen, München 1987

Anderson, William: Der Grüne Mann. Ein Archetyp der Erdverbundenheit, Solothurn/Düsseldorf 1993

Anouilh, Jean: La valse des téreros, in: Pièces grinçantes, Paris 1956

Arx, Sylvia von, et al:Koordinaten der Männlichkeit, Tübingen 2003

Bärsch, Claus E.: Goebbels und die Apokalypse, in: Die Zeit, Nr.36, 1988

Bauer, Wolfgang/J. Dümotz/S. Golowin: Lexikon der Symbole, Wiesbaden 1985

Benker, Gertrud: Christophorus. Legende, Verehrung, Symbol, München 1975

Binswanger, Hans Christoph: Die Glaubensgemeinschaft der Ökonomen, München 1998

Büchi, Arnold: Mythologische Landeskunde in Graubünden, Disentis 1992

Burkert, Walter: Die Griechen und der Orient, München 2003

Cadruvi, Luzi: Ruschein, fatgs ord l'historia, Chur 1984

Caminada, Christian: Die verzauberten Täler, Kulte und Bräuche im alten Rätien, Olten 1961

Clauss, Manfred: Mithras. Kult und Mysterien, München 1990

Corea, Gena: MutterMaschine. Von der künstlichen Befruchtung zur künstlichen Gebärmutter, Berlin 1986

Fossel, Michael: Das Unsterblichkeitsenzym, Zürich 1996

Gasser, Christian: Mythos Superman, in: »Der Bund«, 19. Juli 2003, S.27

Gay, Peter: Kult der Gewalt. Aggression im bürgerlichen Zeitalter, München 1996

Georg, Sanct: Der Ritter mit dem Drachen, Ausstellungskatalog Freising 2001

Golowin, Sergius: Zigeunermagie im Alpenland, Frauenfeld 1973

Ders.: Die Welt des Tarot. Geheimnis und Lehre der 78 Karten der Zigeuner, Basel 1981

Guggenbühl, Allan: Männer, Mythen, Mächte. Was ist männliche Identität?, Zürich 1994

Hahn-Wernle, Birgit: Christophorus in der Schweiz. Seine Verehrung in bildlichen und kultischen Zeugnissen, Basel 1972

Haller, Gret: Die Grenzen der Solidarität. Europa und die USA im Umgang mit Staat, Nation und Religion, Berlin 2002
Hauser-Schäublin, Brigitte: Die Frauen in Kararau. Iatmul am Mittelsepik in Papua Neuguinea. In: Basler Beiträge zur Ethnologie 17, Basel 1977
Heller, Agnes: Theorie der Gefühle, Hamburg 1981
Huntington, Samuel P.: Der Kampf der Kulturen, München 2002
Kagan, Robert: Macht und Ohnmacht. Amerika und Europa in der neuen Weltordnung, Berlin 2003
Karrer, Otto: Franz von Assisi, Legenden und Laude, Zürich 1945
Keel, Othmar: Die Welt der altorientalischen Bildsymbolik und das Alte Testament, Zürich/Einsiedeln/Köln 1972
Keller, Christoph: Building Bodies. Der Mensch im biotechnischen Zeitalter, Zürich 2003
Keller, Evelyn Fox: Secrets of Life-Secrets of Death, New York/London 1992
Dies.: Das Leben neu denken, München 1998
Dies.: Das Jahrhundert des Gens, Frankfurt/M. 2001
Kerényi, Karl: Der göttliche Arzt. Studien über Asklepios und seine Kultstätten, Darmstadt 1975
Koepping, Klaus-Peter: Australier (Arnhem-Land), in: Klaus E.Müller: Menschenbilder früher Gesellschaften, Frankfurt 1983
Kutter, Erni, Der Kult der Drei Jungfrauen, München 1997
Lerner, Gerda: Die Entstehung des Patriarchats, Frankfurt/M. 1991
Legenda aurea: Heiligenlegenden von Jacobus de Voragine, Zürich 1994
Lurker, Manfred: Die Botschaft der Symbole in Mythen, Kulturen und Religionen, München 1990
Meier-Seethaler, Carola: Ursprünge und Befreiungen. Eine dissidente Kulturtheorie, Zürich 1988. FischerTaschenbuch 1992, Untertitel: Die sexistischen Wurzeln der Kultur
Dies.: Von der göttlichen Löwin zum Wahrzeichen männlicher Macht. Ursprung und Wandel großer Symbole, Zürich 1993
Dies.: Gefühl und Urteilskraft. Ein Plädoyer für die emotionale Vernunft, München 1997
Dies.: Jenseits von Gott und Göttin. Plädoyer für eine spirituelle Ethik, München 2001
Poeschel, Erwin: Die Kunstdenkmäler des Kanton Graubünden, Bd.IV: Die Täler im Vorderrhein, Basel 1975
Popper, Karl R.: Objektive Erkenntnis. Ein evolutionärer Entwurf (Anhang) Hamburg 1973

Portmann, Adolf: Vom Lebendigen. Versuche zu einer Wissenschaft vom Menschen, Frankfurt 1973
Praetorius, Ina: Skizzen zur feministischen Ethik, Mainz 1995
Reeder, Ellen D.: Pandora. Frauen im klassischen Griechenland, Basel 1996
Reitzenstein, Richard: Die hellenistischen Mysterienreligionen, Stuttgart 1980
Riesebrodt, Martin: Die Rückkehr der Religionen. Fundamentalismus und der Kampf der Kulturen, München 2001
Rosenberg, Alfons: Michael und der Drache, Olten 1956
Rosenfeld, Hans-Friedrich: Der Hl. Christophorus. Seine Verehrung und seine Legende, Helsingfor/Helsinki 1937
Rotzetter, Anton: Ich rufe Sonne und Mond. Der Sonnengesang des Franz von Assisi, Eschbach 1998
Rotzetter, Anton/Elisabeth Hug: Franz von Assisi. Die Demut Gottes, Zürich/Düsseldorf 1999
Sotriffer, Renate: St. Christophorus in Südtirol, Bozen 1991
Stammer, Barbara/Vera Zingsem: Schlangenfrau und Chaosdrache in Märchen, Mythos und Kunst, Stuttgart 2001
Steffen, Uwe: Drachenkampf. Der Mythos des Bösen, Zürich 1984
Steinen, Wolfram von den: Homo coelestis, Bern 1965
Vital, Ulrich: Volkstümliche Symbole und ihr Geheimnis, CH 7505 Schlarigna 1997
Weiss, Richard: Volkskunde der Schweiz, Zürich 1984
Weizenbaum, Josef: Computermacht und Gesellschaft, Frankfurt/M. 2001
Wyss, Stefan: Askese. Ein Selbstverständnis des herrschenden Mannes, Fribourg/Brig 1989

Bibliografische Information der Deutschen Bibliothek
Die Deutsche Bibliothek verzeichnet diese Publikation in der Deutschen Nationalbibliografie; detaillierte bibliografische Daten sind im Internet über http://dnb.ddb.de abrufbar

Kreuz Verlag GmbH & Co. KG Stuttgart
Verlagsgruppe Dornier
Postfach 80 06 69, 70506 Stuttgart

www.kreuzverlag.de
www.verlagsgruppe-dornier.de

Der Kreuz Verlag ist ein Unternehmen
der Verlagsgruppe Dornier GmbH

Umschlaggestaltung: Bergmoser & Höller Agentur, Aachen
Umschlagbild: Luca Giordano, St. Michael tötet Luzifer,
Ende 17. Jahrhundert (Ausschnitt)
Alle Bildvorlagen in diesem Band stammen aus dem Archiv
der Autorin.
Foto der Autorin: © Verena Eggmann, Muri AG
Satz: de·te·pe, Aalen
Druck: Clausen & Bosse, Leck

ISBN 3-7831-2387-9